やりたいことなんて、なくていい。

将来の不安と焦りがなくなるキャリア講義

伊藤羊一
Ito Yoichi

Goals are not necessary to achieve success.

PHP

正直言って、自分にはやりたいことがない。
心の底からやりたいことが、まだ見つからない。

でも、周囲を見渡すと、
自分の道を見つけてがんばってるやつも多いし、
結果を出しているやつもいる。
それに比べて、自分は——。

自分は、このままでいいんだろうか？
今の仕事で、今の場所で、働き続けていいんだろうか？

——一体、どうすればいいんだ？

大丈夫です、安心してください。
実は、「やりたいことなんて、なくていい」んです。

なぜなら、私も高い志なんて、
持ちたくても持てなかったから。
それでも今、毎日楽しく、幸せに働けています。

仕事や人生で一番大切なことは、もっと他にあります。
それは「今やっていることに、
夢中になって取り組むこと」。

たったこれだけで、
あなたの人生とキャリアは大きく変わります。

なぜ、私がそう考えるのか。
自信を持ってそう言えるのは、なぜなのか。
その理由を、これからお話ししたいと思います。

はじめに

「やりたいことが、なかなか見つからない」
「今の自分に市場価値はあるのか？」
「このまま今の会社に居続けていいのだろうか」……。

私はヤフーの企業内大学である「Ｙａｈｏｏ！アカデミア」で学長をしています。また、グロービス経営大学院や様々な企業で、研修やワークショップを行っています。

そこで多くの若いビジネスパーソンと話す機会がありますが、最近特に、このようなキャリアの悩みをよく聞きます。

しかし、こうした悩みに対して、私はいつもこう答えています。

「**やりたいことなんて、はじめはなくていい。**

それより、足元の仕事、目の前の仕事に、一度全力でぶつかってみよう。

そうすれば、キャリアの悩みはきっと解決するよ」と。

つまり、**「今やっていることに120%の力を注ぎ、それに無我夢中になって取り組む」**ということ。

足元の仕事、目の前の仕事をまっとうすれば、自分が本当にやりたいことも気がつけば見つかり、結果として唯一無二の価値も生まれ、キャリアの悩みは大抵、解決します。

こう聞くと、人によっては、「根性論で時代錯誤だ！」と思うかもしれません。「もっとスマートな方法を知りたい！」という人もいるでしょう。

でも、足元の仕事で成果を出すことは、何よりのエンジンにもなりますし、そもそもキャリアにスマートな道のりはない、と私は考えています。

私が「全力で仕事をする」ことが大切だと思う理由。

それは、**やりたいことが何一つなかった私が、以前は想像もしていなかった楽しいキャリアを歩み始めているから**。

いわば、「普通の人のための最強のキャリア論」こそ、「足元の仕事に１２０％の力を注ぐこと」だと考えているからです（あくまでこれは自分の経験ですし、人それぞれではありますが）。

私は大学卒業後、日本興業銀行に就職し、その後は文具・オフィス家具製造流通のプラス、そしてヤフーと、３つの異なる業界に身を置いてきました。

職種も、営業から物流、事業再生、マーケティング、新規事業開発、経営、リーダー育成と、様々な仕事をしてきました。

現在では、Ｙａｈｏｏ！アカデミアの学長を務めるかたわら、グロービス経営大学院の客員教授や、株式会社ウェイウェイの代表として様々な仕事を行っています。

こう聞くと、「伊藤さんは最初から色々活躍しているじゃないか！」と思われるかもしれません。

しかし、私は社会人になりたての頃は、振り返るとダメダメ社員の典型でした。むしろ、銀行員なのに**会社に反抗して金髪にしていた時期もあるような、不良社員でした。**

何せ「不良」でしたから、その頃の私にはやりたいことなんてありません。

しかも、私は就職して間もなく、メンタル不調にもなりました。

職業人としてのキャリアの、大事な最初の数年は、正直仕事がつらく、何もできず、周りから大きく出遅れてしまったと思っていました。


そんな私が復活できたきっかけが、**「目の前の仕事を徹底的にやる」**ことでした。逆に言えば、それしかできなかったということなんですが。

足元の仕事に120％の力を注ぐことで、メンタル不調から脱出することができました。

「目の前の仕事を徹底的にやる」ことの威力に気づいた私は、その後もこの姿勢を大切にし続けてきました。

そして結果的に、新しいことにもチャレンジし、当初とはまったく違う道を歩んでいる今の自分がいます。


これは単なる私だけのエピソードに過ぎない、と思われるかもしれません。

しかし、私はこの考え方が、**今キャリアに悩んでいる多くの読者にも役立つ「再現性」**

が高いものではないか、と感じています。

なぜなら、足元の仕事に全力を注いだ結果、その人自身も思っていなかったようなキャリアを切り開いた実例を、他の場所でも多く見てきたからです。前述したＹａｈｏｏ！アカデミアにおいてもそうですし、グロービスにおいてもそうです。そして、他の会社やコミュニティでも。

「目の前のことに全力投球し成果を出す人が、次なるステップを見つけられる」――生き生きと働く人々のこうした姿勢を見てきたことで、「この法則には再現性がある」と自信を持って言えるようになりました。

そこで本書では、これからを担うビジネスパーソンの方々に向けて、私自身のこれまでの人生を振り返り、人生とキャリア形成においてぜひ知っておいてほしいと強く感じたことを、述べていきたいと思います。

第1章では、私自身のキャリア観――**「わらしべ長者的キャリア」**について、詳しくお話しします。

「わらしべ長者的キャリア」とは、私が自分自身のキャリアを指して呼んでいる言葉です。なぜ私が「目の前の仕事に120％の力を出すべき」だと思うのか、その理由について詳しく述べます（なお私は決して「長者」ではありませんが）。

第2章では、主に社会人になったばかりの20代の経験から、**「働くモチベーションを高める方法」**についてお話しします。

自分が心から納得できるキャリアを歩む上で、大切なことは何か？

それはまず、自分自身と正面から向き合うこと。

事実、やりたいことが見出せなかった頃の私は、20代でメンタル不調になり、何も仕事をしていなかったので、周りから大きく出遅れてしまいました。

そこから私が復活することができたのは、まさに目の前の仕事に打ち込むことによってでした。その詳しい経緯や、目の前の仕事に対していかにモチベーションを見出していったか、といった経験についてもお話しします。

第3章では、転職した後の30代の経験から、**「コミュニケーションの法則」**についてお話しします。

実は、キャリアを形成する上で、人間関係も大切な要素です。なぜなら、色々な人から「応援される」人間になることが、キャリアの転機となるようなチャンスを得ることにつながるから。

この章では、いつでも誰とでもフラットな人間関係を築く法則についてお話しします。

第4章では、40代の経験から、**「リーダーシップの本質」**についてお話しします。

リーダーシップと聞くと、「自分とは関係ない」「キャリアと何の関係があるのか？」と思う方もいるかもしれません。

しかし、私はキャリアとは「Lead the self＝自分自身を導くこと」、つまり自分自身へのリーダーシップと密接につながっていると考えています。

私は、東日本大震災をきっかけに、様々な体験を通じて、リーダーシップとは何かを学びました。私自身がリーダーシップに目覚めた経験を通じて、その本質について述べていきます。

最後の第5章では、直近の経験から、**「志の育て方」**をお話しします。

ここまでキャリアの話をしてきましたが、究極的にいえば、理想のキャリアとは「自らの志や信念に基づく働き方が続けられること」だと私は考えます。

自分の志が育ってくると、「自分の人生を生きている」という感覚を持つことができ、それまでの人生と180度違う景色が見えてきます。

そのために必要なことについて、主にヤフーに入ってからの経験をもとに、お話ししたいと思います。

＊

最後に本文に入る前に、読者の方にお伝えしたいことがあります。

これまでの30年になろうとする社会人人生を送る中で、私が得た1つの確信があります。

それは、**「人は変われる」**ということです。

本書を読み進めていただければわかりますが、私自身は変わり続けてきました。変わり続けた結果、かつての自分が想像もしていなかった自分になっていきました。

そして、ふとしたきっかけで決断したことで、人生が大きく変わる人も、数多く見てきました。

その変化は、偶然に起こるものではありません。

目の前の仕事を大切にし、そこに全力を注ぎ続けることで、ある時点で「突き抜ける」ことができるのです。ある意味で、その変化は必然なのです。


だから、人は変われます。

もちろん、あなたも変われます。

「この先どうしよう……」と今後のキャリアに悩んでいる人は多いでしょう。その不安が、「自分にできることは何だろうか？」という前向きなワクワクに変わる。

本書がそのための一助になれたら、これにまさる幸せはありません。

２０１９年11月

伊藤羊一

やりたいことなんて、
なくていい。
Contents

第1章

「今やっていること」に夢中で取り組め！

「わらしべ長者的キャリア」のすすめ

第2章

「仕事恐怖症」だった私が、仕事に救われた理由

「働くモチベーション」を高める方法

第3章

「なぜか周りに助けられる人」が大切にしていること

「コミュニケーション」の法則

第4章 人生を変える「リーダーシップ」の話をしよう

リーダーシップの本質

第5章

自分の人生を生きるための「たった1つの方法」

「志」の育て方

第1章

「今やっていること」に夢中で取り組め！

「わらしべ長者的キャリア」のすすめ

もう「キャリアプラン」はいらない

私は、２０１５年４月にヤフーに転職し、Ｙａｈｏｏ！アカデミアという企業内大学の学長として、ヤフーグループ社員のリーダーシップ開発をしています。

その前には、文具・オフィス家具製造流通のプラスで、物流やマーケティング、新規事業開発や経営に携わっていました。

その一方で、グロービス経営大学院の客員教授として教壇に立ち、『１分で話せ』（ＳＢクリエイティブ）という伝え方についての本も執筆しました。

今の私の専門は「リーダーシップ開発」「プレゼンテーション／コミュニケーション」です。

こう言うと、私のことを「複数の専門を持つスーパービジネスマン」と思う人もいるかもしれません。

実際に、「伊藤さんは自分の目指す道を迷わず突き進んでいますね！」なんて言ってくださる方もいました。

しかし、実際のところ、全然そんなことはありません。

それどころか、20代の頃は会社に反抗し、髪を金髪に染めるような不良社員でした。

さらに、一時は、メンタル不調になって、つらい思いもしました。

そんな状態ですから、明確にやりたいこともありません。

キャリア形成やキャリアプランなんて、1秒も考えたことがない。そんなこと、到底考えられませんでした。

そんな私でも、自分なりの専門と言えるものを、2つ持つことができました。

しかも、そのうちの1つは「リーダーシップ開発」です。若い頃の私が想像だにしなかったものです。

金融から出発して、物流、マーケティング、さらには教育……と、まったく異なる分野へ仕事を展開しながら、自らがリーダーとして、また教育者として、リーダーシップ開発を突き詰めてきた結果です。

しかし、リーダーになるんだ、とか、リーダーシップを研究するんだ、という思いは、もともとまったくありませんでした。それなのに、どうしてこうなったのか？

自分なりの答えは、こうです。

「いつも目の前の仕事を１２０％の力でやってきたら、知らないうちにこうなっていた」

今の私が専門としている仕事は、「当時の職場でやらなければならなかったこと」とか、「たまたま頼まれて始めたこと」ばかりです。

最初から「やりたい！」なんて気持ちは一切ありませんでした。

自分で「こんなキャリアをつくっていこう」と思って始めたことではありません。

仕方なく始めたプレゼン指導が、ベストセラーのきっかけに

たとえば、プレゼンテーション。

これは、プラスにいたとき、自社の営業職を相手に、プレゼンの稽古をする必要があって手がけるようになりました。

といっても、自分も最初からプレゼンが得意だったわけではありません。

なんとか営業マンたちの力を底上げしたい、という義務感から、手持ちの知識や経験をフル稼働して必死にアドバイスしていた、というのが正直なところです。

その後、縁あってＫＤＤＩ∞Ｌａｂｏというスタートアップ支援プログラムに招かれ、スタートアップの起業家たちにプレゼン指導をする機会がありました。

私は普段通りにプレゼン指導をしたのですが、その稽古を受けた受講者のレベルが急激に上がって、とても驚かれたのです。このことをきっかけに、さらに他のプログラムにも呼ばれるようになりました。

ほうぼうで稽古をつけているうちに「本を書いてください」というお話をいただきました。これが、２０１８年に出した『1分で話せ』です。

今ではおかげさまで、35万部のベストセラーとして様々なメディアに取り上げられ、大変多くの方に読んでいただいています。

あなたの武器は「目の前の仕事や経験」の中にある

ここで私は自慢をしたいわけではありません。

申し上げたいのは、**必要に迫られて始めたことを突き詰めて、成果をあげていくと、思いもよらない方向にことが進んでいく**、ということです。

図1-1　わらしべ長者的キャリアとは？

必要に迫られて始めたことを
突き詰めて、成果をあげると
思いもよらない未来が開ける

＝わらしべ長者的キャリア

目の前の仕事や経験に対して、全力投球し成果を出す。それがきっかけとなり、あちこちへと呼ばれる機会が増えていく。すると、思いもしなかった自分になっている。

いわば、1本のわらしべを交換していき、気がつくとお金持ちになっていた「わらしべ長者」のような人生です。これを私は、**「わらしべ長者的キャリア」**と呼んでいます。

リーダーシップ開発についても、同じことです。40代になってから学んだグロービス経営大学院で、ご縁をいただき指導を始めたのがきっかけです。

さらに、私がグロービスで教員をやっていることを知ったヤフー前社長の宮坂学氏に声をかけられて、Ｙａｈｏｏ！アカデミアに呼ばれました。

それまで事業をやっていたのに、教育をやる。

はたから見れば、「大胆なキャリアチェンジだな」と思われたかもしれません。

でも実際のところは、**「呼ばれたから引き受けた」「これまで社内の業務としてやっていたことを広げた」**というだけのことです。すべては急に降って湧いた話ではなく、必ずそれまでに取り組んできた仕事と、つながっているのです。


世の中には、はじめからやりたいことがあって、明確な目標や志を掲げてキャリアを築き上げてきた、という人がいます。

おそらく、読者の皆さんの周りにも、そういう「志がもともと高い人」がいるはず。

「目標から逆算すると、今これをやるべき」という未来への道筋がはっきりと見えていて、はじめから信念を持って仕事に取り組んでいる人です。

そういう人はとても素晴らしい。私は心からリスペクトします。

しかし、**私自身はそんな立派なキャリア形成とは無縁でした。**というより、目指すものに向かっていくキャリアプランは描きたくても描けませんでした。

でも、だからこそ、今やっていることに無我夢中になって取り組むことで、自分の可能性をグンと広げることができた、とも思っています。

ですから、ひょっとしたら、**「キャリアプラン」なんて必要ないのかな**、と思います。

明確な目標や「心からやりたいこと」だって、最初は必ずしも必要ないかもしれない。

むしろ、**目の前の仕事や経験の中にこそ、「将来の武器」が潜んでいる**と思っています。

そう思うのは、「それでもなんとかなった」という自分の経験があるからです。

1point advice

キャリアプランより、「目の前の仕事や経験」が大切

まずは「やるべきこと」を突き詰めよ

「やりたいことをやれ」「夢に向かって行動しろ」……。

たしかに、最終的にはそれが理想なんだと思います。

キャリアを考える上での枠組みに「will/can/must」というものがあります。

これは、「やりたいこと」「できること」「やらなければいけないこと」の３つで自分のキャリア観を整理するものですが、冒頭の言葉は、このうち「やりたいこと＝will」を重視する考え方です。


まず、この考え方自体は、極めて正しいと思います。

目的や志は人間を変えるもの。だから、「やりたいことをやれ」「好きなことを仕事にしろ」「志を持て」と言うのは、たしかに正しいのです。


特に、若いうちに自分のやりたいことと出会えた人は素晴らしいと思います。

ソフトバンクグループ代表取締役会長兼社長の孫正義氏が、学生時代にマイクロコンピュータのチップの写真を雑誌で見て、涙が止まらなくなったというエピソードを聞いたことがあります。

そういう衝撃的な経験がある人たちは、早い段階から志を持ち、そこに向かって突き進んでいけばいい。そう思います。

けれども、多くの人にとって、そんな運命的な出会いが常にあるわけではありません。

そして、多くの人にとって、自分がやりたいことは必ずしも明確ではありません。

そんな大多数のビジネスパーソンに対して、「やりたいことをやれ」「夢に向かって行動せよ」と言うだけでは、なかなか動けないのではないかと思うわけです。

「心からやりたいこと」がない人はダメなのか？

正直に言うと、**私は今でも「自分が本当にやりたいこと」が見つかっていません。**

ただし、正確に言えば、「本当にやりたいこと」が何か、とは意識していないだけで、自分の興味・関心は色々なところにあります。

まず、教育を通じて若者たちがワクワクするような未来をつくりたい、という思いがあ

図 1-2　will/can/must

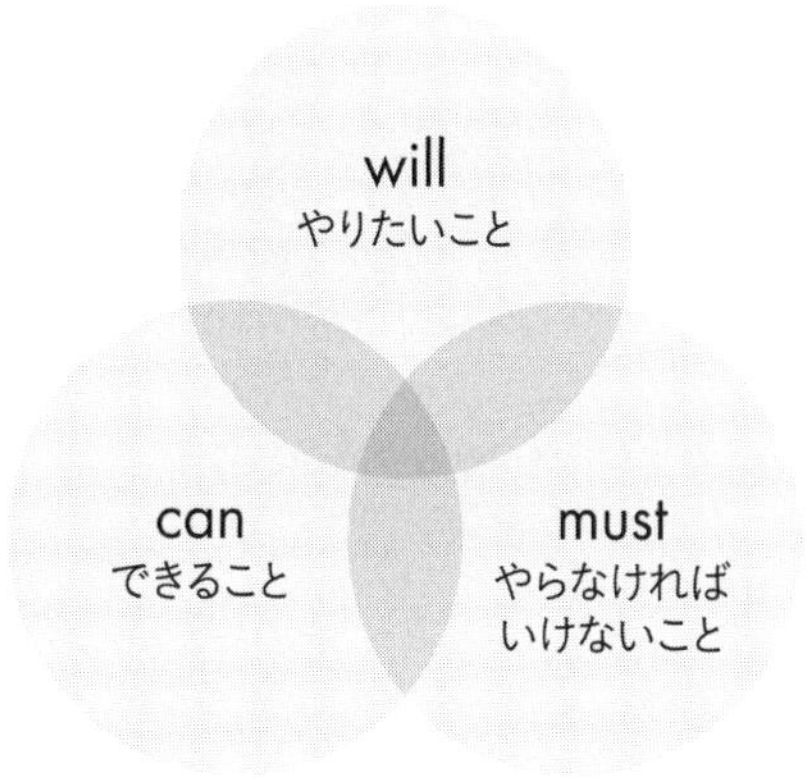

やりたいことが
明確な人は、
そこに向かって
突き進めばいい。

▶ **やりたいことが
ない人は
どうするべきか？**

ります。教育といっても、自分が講師として教壇に立つことも好きですし、はたまた、現在のＹａｈｏｏ！アカデミアにおける仕事のように、開発プログラムを企画することも好きです。

また、プラスの時代にやってきた、事業をやりたいという思いもあります。新しいものをつくることもやってみたいし、事業再建、再編を通して、大変な環境でがんばっている人たちが、生き生きと働く環境をつくってみたい。

また、今まで自分がやってきた仕事だけでなく、人前で話をすることもとても楽しいと感じています。本（アルバム）を書いては講演（ライブ）をする、ある意味、ミュージシャンのような日々も、とても楽しんでいます。

このように、色々なところに興味・関心があり、「これが自分の生きる道」などと決めているわけではありません。迷っているかと言われれば、50歳を越えた今でも迷いまくっています。

だから、長い社会人人生を経ても、自分が本当にやりたいことなんて見つからないこともあるかな、と思います。1つに決められない、と言ったほうがいいかもしれません。

もちろん、「自分が人生をかけてやりたいことはこれだ！」というものが見つかればいい。そういう気持ちで毎日、仕事をしている自分もいます。今自分が取り組んでいることは、すべて一生かけて取り組んでもいいな、とも思っています。

でも、一方で**「一生かけてやりたいことなんて見つからなくてもいいじゃん」**とも思っています。

その理由は、「一生かけてやりたいこと」がない中で、結果的におもしろい状況に出会えている今の自分がいるから。「一生をかける」目標が明確にはなくても、結果として私は今、ワクワクできているからです。

前の項で述べたように、私はやりたいことが明確にあったわけではなくて、目の前のことをやっているうちに、結果的に専門と言えるものが生まれてきました。

これまでの人生を振り返ると、「昔、思い描いていたような大人になることができた」なんて思いはこれっぽっちもありません。

だから、正直に言えば「やりたいことなんてなくても、こんな風に仕事を楽しむことができるんだな」というのが今の率直な気持ちです。

やりたいことなんて、なくても大丈夫！

今までの人生を振り返ると、やりたいことがなくて悩んだ時期もありましたが、結果的に今やっている仕事が楽しいので、よかったな、と思っています。

そう思えるのは、やはり目の前のことをやり、経験を積み重ねることで、自分でも思っていなかった景色を見ることができているからでしょう。

プレゼンテーションも、リーダーシップ開発も、最初は特にやりたいことではなかった、というより、**やりたいことでもやりたくないことでもありませんでした。**こういうことを専門にする、という発想自体がなかったのです。

さらに、それぞれが専門的になってきた後でさえも、「これが本当にやりたかったことだ！」という感覚はありませんでした。

しかし、それでも、目の前のことに打ち込んで得られた——過去の自分が思ってもいなかった現在の景色に、今、私はワクワクしています。

その上で、これから「自分が本当にやりたいこと」が見つかったら、もうけものだ、という感覚でいます。

だから、やりたいことが見つからない、と悩む皆さんに、私はこう言いたい。

「やりたいことなんて、なくても大丈夫！」

やりたいことがない、と悩んでいる時間がもったいないくらいです。

ただし、同時にこうも言いたいと思います。

「やりたいことがないなら、やるべきことをやろう」


やりたいことがないなら、足元にあるやるべきことをやり、成果をあげるべきです。

でないと、未来が開けることはないからです。


でもあまり悲観的にならないでください！

シンプルに考えればいいんです。

先のことは考えずとも、今やるべきことを全力でやる。

「will/can/must」の話で言えば、willが明確でないからこそ、まずはmustから出発しましょう、ということです。

1point advice

やりたいことがないなら、mustを積み重ねよ！

「できること」の数を圧倒的に増やせ

ここまで「やりたいことなんてなくていい」と述べてきましたが、もちろん「やりたいこと」があるに越したことはありません。しかし、今「やりたいことがなくて悩んでいる人」がいるとしたら、私はこうも言いたいのです。

「やるべきことをやっていれば、やりたいことは見えてくるはず」。

「will/can/must」で言えば、「must を積み重ねると、will につながる」ということです。

ここで「must を積み重ねる」と言いましたが、もう少し具体的に説明しましょう。

will ではなく、must に基づいて経験を積み重ねていくとどうなるか。

その must で行ったことは経験値として、自分の中に徐々に蓄積していきます。

イメージで言うと、経験値というボールが、箱の中に貯まっていく感じです。

このボールが、「will/can/must」で言うところの「can= できること」に変化します。

つまり、must を全力でこなしていくと、**次第に can も増えるのです。**

私の場合、最初はプレゼンテーションなんてまったく得意ではありませんでした。しかし、人にプレゼンを教えなければいけない、人前で話さなければいけないというmustを通じて経験値を貯めた結果、それがcanへと変わり、結果的に、得意と言えるレベルになりました。

mustを積み重ねれば積み重ねるほど、canの数は増えていきます。

いうなれば、箱の中がいくつかの仕切りで隔てられていて、canの種類に応じて、それぞれの場所にボールが貯まっていくようなイメージです。

最初は箱の中にきれいに収まっていますが、次第にcanの数が増えていくと、箱の中にぎっしりとボールが詰まって、can同士がぎゅうぎゅうと押し合うようになります。

そこでさらにボールを貯めていくと……あるとき、どこかで圧力に耐えかねて、ボールを隔てていた仕切りがバーン！　と壊れます。

すると、箱の中にあるすべてのボールが交じり合います（そんな気がするだけです）。

スティーブ・ジョブズは、「Connecting the Dots（点と点をつなぐ）」という表現をしましたが、これが圧倒的なcanが生まれる瞬間なのです。そして、圧倒的な力がつくと、そのことをやっていて楽しいですから、どんどん、will（やりたいこと）に近づいていった

図 1-3　「圧倒的な can」のつくり方

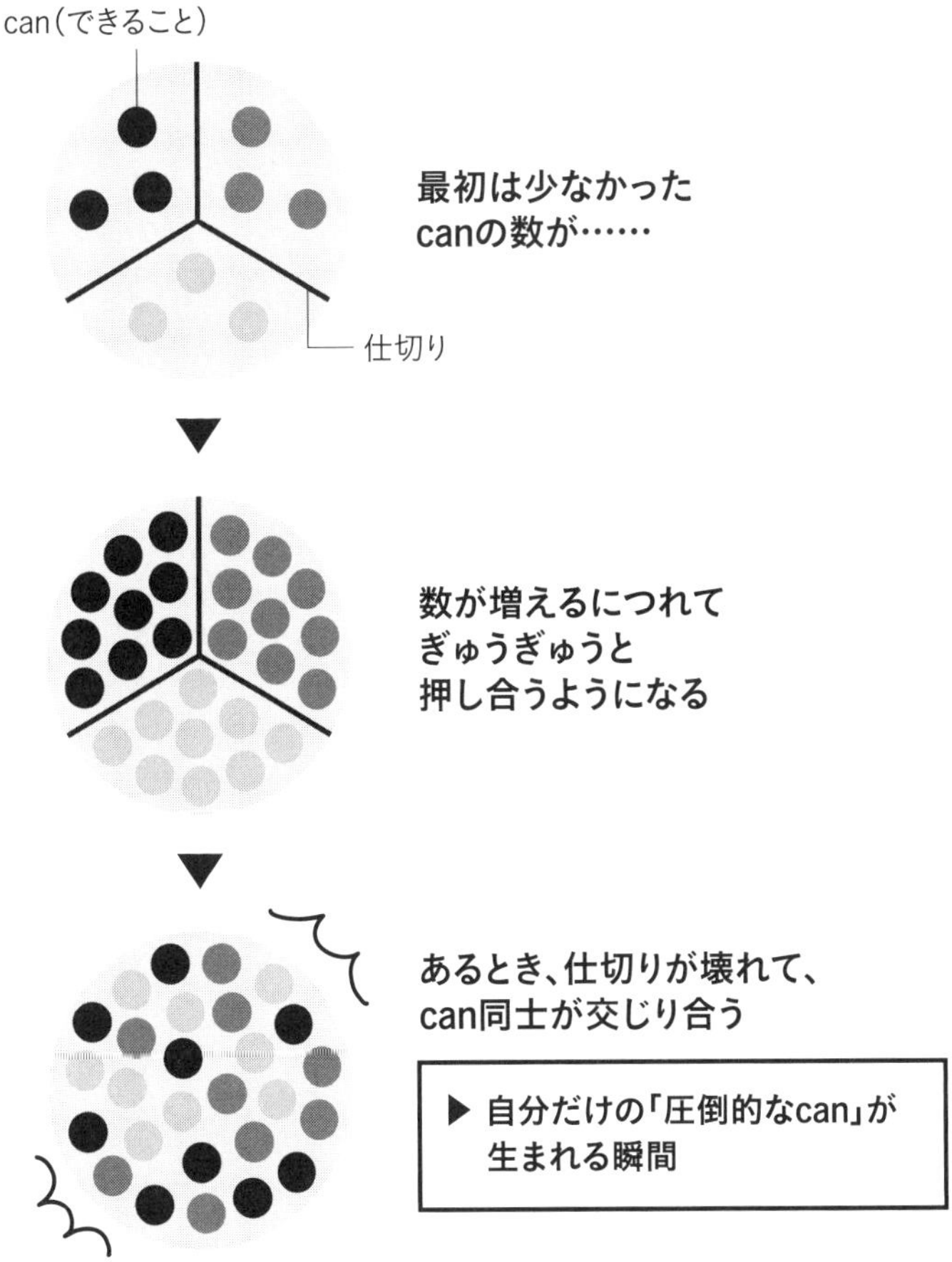
can（できること）
仕切り
最初は少なかった
canの数が……
数が増えるにつれて
ぎゅうぎゅうと
押し合うようになる
あるとき、仕切りが壊れて、
can同士が交じり合う
▶ 自分だけの「圧倒的なcan」が
生まれる瞬間

りします。

つまり、**mustを積み重ねて、できること＝canのレベルを圧倒的に高めていけば、いずれ結果的に、それがwillとなっていったりする。**

これこそ、私がwillよりmustを優先する理由です。

しかも、その過程でcanも得られて、一挙両得。

「will/can/mustの要素のすべてが揃ったとき、仕事のモチベーションは最高に高まる」と言われることがありますが、mustを追求することは、そのための「正攻法」であると私は思います。

実践に裏打ちされた経験値だけが、真のcanになる

しかし、ここで勘違いしないでいただきたい点があります。

実はmustを淡々とこなしていても、なかなかcanが蓄積されず、willも見えないことがあります。

そのポイントは**「実践を伴った経験値かどうか」。**

たとえば、ビジネス書で覚えたノウハウや、資格試験で身につけたスキル。

これらも、ある意味では経験値という名のボールと言えるでしょう。


しかし、ここで集めるべきボールは、それだけではダメなのです。

なぜなら、**こうしたボールは、どれだけ貯まっても、それだけでは can= できることに変化しない、つまり「活きたボール」ではないから。**

むしろ、can 同士の素直な相互作用を阻害して、あなたを動けなくする「邪魔なボール」になる可能性すらあるのです。


だから、私はこう言っています。

実践に裏打ちされた経験値だけが、真の can になる、と。ビジネス書を読む、学校で学ぶ、資格を取る、すべて、素晴らしいことです。ただし、学んだら、必ず実践して自らの経験にすること。

自分で実際に経験した、できた、失敗した、それを乗り越えた――といった自信も込みでの can。これが、あなたが貯めていくべきボールです。
こうした真の can を蓄積していくには、繰り返しになりますが、足元の経験の蓄積、つまり現在の仕事に全力を尽くすしかありません。

全力で「仕事に逃げろ」！

世の中には、「仕事に逃げる」という言い方があります。

将来を考えると不安になるし、目標や志といった指針も自分には見えない。だから、思考停止して目の前の仕事をとりあえずこなしている。

そんな働き方を揶揄《やゆ》して、仕事に逃げている、と言うそうです。


私は、「仕事に逃げて何が悪いのか？」と思います。


だって、私が何度もここまで言ってきた「足元の仕事に全力を尽くせ」というのは、「仕事に逃げる」ことと何ら変わりないからです。

やりたいことがないなら、今の仕事に逃げればいいのです。

それでいいんです。私も、さんざん仕事に逃げてきました。仕事に逃げていたら、なぜかそこから仕事が舞い込み、思ってもいなかったようなキャリアが開けたのですから。

ただし、ここでもポイントが1つ。

逃げるなら、全力で行きましょう。
合格点ギリギリの80％でこなすのではなく、120％の成果を目指すのです。

そうすれば、仕事に逃げているうちに「経験値というボール」がどんどん貯まり、canであなたの中の箱は溢れて、ある日突然「これだ！」という域にまで達します。そうすれば、その先に、やりたいことが見つかるかもしれません。

少なくとも、中途半端に現実から目を背けているよりずっとマシなはずです。

1point advice

実践に裏打ちされたcanの蓄積が、先々のwillにつながる

何でもいいから
今いる場所で、
「突き抜けろ」

ここまで、「目の前のことをやること」「やるべきことをやること」がなぜ大切なのかを述べてきました。

でも、読者の中には「じゃあ、ひたすら目の前のことだけやっていればいいの？」と思う方もいるかもしれません。

正確に言えば、どこかのタイミングで、今やっていることから離れて、新しいことをやらなければいけない時期は来ます。

では、その変化の時期はどう見極めればいいのでしょうか？

実は私は、**「そんなものは意識しなくてもいい。勝手につながっていくものだ」**と思っています。

その理由を述べる前に、私がリスペクトする教育改革実践家の藤原和博氏がおっしゃっているお話を紹介したいと思います。

藤原さんはリクルートを経て40代後半から教育界へと転身、初の民間校長となった方です。

そんな藤原さんが提唱するキャリア理論に**「キャリアの大三角形」**があります。

これは、「3つのキャリアを掛け合わせて、100万人に1人の人材になる」ことを目指す、これからの新しいキャリア戦略です。

ざっくりその方法を説明すると、最初のキャリアで「100人に1人」の専門性を身につけます。どんな分野でもいいので、そこで100人に1人の専門性だ、と言えるレベルのスキルを身につけるのです。

一旦そのレベルに達したら、次は別の分野でまた「100人に1人」レベルの専門性を身につけます。すると、この時点で「100人×100人＝1万人に1人」の希少性を持つ人材になることができます。

最後に、もう一度さらに別の分野で「100人に1人」の専門性を身につけます。すると、「100人×100人×100人＝100万人に1人」の希少性を持つ人材になれる、というものです。

この理論は、大変理にかなっているし、チャレンジしがいがある方法だと思います。

なぜなら、専門性を持つと言っても、1つのことで1万人に1人とか、10万人に1人というような専門性を目指すことは難しいし、何もその必要はないからです。

そして、私も、**このキャリアの大三角形の理論と、近いような形で経験値を積み重ねてきたのです。**

私の人生もまさに「キャリアの大三角形」だった！

現在の私の専門は、プレゼンテーション、リーダーシップ開発の２つです。この２つを掛け合わせたものが、基本的な私のスキルです。

しかし、これまでに述べたように、最初からどちらも「これを専門にしよう」と思っていたわけではありません。むしろ、どちらも「全力で取り組んでいるうちに、なぜか専門になってしまった」という感じです。

リーダーシップ開発においても、プレゼンテーションにおいても、先に述べた通り、目の前のことをやっているうちに、can が貯まっていき、そのうちに car がぎゅうぎゅうになって爆発することで「これなら他の人より自分のほうが得意だな」と思えるようになっていったのです。

プレゼンについては、最初は自社の営業マンのサポートをしているだけのつもりでした。

営業マンのプレゼンスキルを底上げしようと、社内で稽古をしているだけだったのが、続けているうちに社外の人からも呼ばれて稽古をつけるようになっていき、その1個1個の積み重ねが、自分のスキルになっていきました。

そうして、人のプレゼンに稽古をつけているうちに、だんだんと、そのプレゼン内容に関するアドバイスも行うようになり、そのうちに相手の人生やキャリアについても相談に乗るようになっていきました。いわば、コーチですね。

それがリーダーシップ開発に取り組もうと思った動機にもつながっていったわけです。

何か1つ突き抜けると、勝手にキャリアが見えてくる

ですから、私は冒頭で述べたように、「キャリアチェンジの時期をどう見極めるべきか？」と問われたら、**「そんなものは意識しなくてもいい。勝手につながっていくものだ」**と、自分の経験から答えます。

目の前のことをやっているうちに専門性が高まり、高まった専門性は次の機会を勝手にどんどん生んでいきます。だから、次の機会をうかがいながら仕事をする必要はない、と私は思います。

とはいえ、それでは不安だ！　という方もいると思います。

そういう方は、ここでお話ししたキャリアの大三角形の理論を元に、**まずは「100人に1人」の人材になるまで、がんばってみるのがいい**のではないでしょうか。

なぜなら、それを3回繰り返せば、100万分の1になれるのですから。

私は、これまでに2つの専門をつくることができました。これで、すでに1万人に1人の人材だと言われると、そうなのかもしれません。ただ、まだまだ足りない、という実感もあります。これは、謙遜して言っているのではなく、リアルに、痛切な不足感があるのです。

だから、この不足感こそが、あと1つの軸につながるな、とも考えています。今後、もう1つの軸が明確になっていけば、100万人に1人の人材になれるのだと思います。

「100人に1人」の専門性を身につけること自体は、実はそれほど難しいことではありません。大体5年〜10年くらい無我夢中になって仕事をしていれば、どんな分野でもこのレベルには達すると思います。

むしろ「100人に1人」と言える人材になるために、自分で納得できる行動を、取れていないことのほうが問題です。

「はじめに」でも言いましたが、「目の前のことに全力投球している人だけが、次なるステップを見つけられる」――私は、長い人生経験の中で、様々な仕事人生を見てきて、これには強い法則性があると感じています。

だから、「まだ自分は何も持っていない」という人は、**「何か1つでいいから、100人**

に１人の専門性を身につける」ことから始めてほしいのです。
そうすれば、自ずと次のステップも見えてくると思います。

1point advice

まずは「１００人に１人」の専門性から始めよう

わらしべ長者的キャリアの「3つの極意」

図1-4　わらしべ長者的キャリア「3つの極意」

1.　クオリティを徹底的に上げよ

▶リアルな経験を積み、「So what?」で抽象化

2.　常に人を驚かせよ

▶驚きは「口コミ」となり、自分の可能性を開く

3.　食わず嫌いせず、何でも引き受けよ

▶「何でも頼めるやつ」という評判をつくれ

私のキャリアは、mustを積み上げ、その場その場で「たまたまやらなければならないこと」をやってきた結果、なんとなく形になったもの。

これが、「わらしべ長者的キャリア」の本質です。

ただ、「その時々で与えられた仕事に全力を尽くせ」「そうすれば勝手に次のステップは見えてくる」と言うだけでは、あまりにも漠然としたアドバイスですよね。

そこで、私が経験から学んだ「わらしべ長者的キャリア」を築くための3つの極意をここで説明していきます。

わらしべ長者的キャリアの極意
1. クオリティを徹底的に上げよ

まず当然ですが、仕事のクオリティは高くなくてはいけません。
プロフェッショナルの仕事として、相手が認めてくれる、顧客のためになる、一緒に仕事をする人の成長につながる……そういう仕事をしよう。
プロフェッショナルとして、恥じないスキルを持ち、アクションをしよう。
このような意識がなければ、そもそも成果を出すことは難しいでしょう。

クオリティを上げるために、私の経験から言えることは、繰り返しになりますが、**とにかく現場でリアルな経験を積み上げること。**

その上で、もう1つ重要なのは、**その貯まっていったリアルな経験を抽象化、ノウハウ化して人に伝える訓練をすることです。**

もちろん、本を読んだり人の話を聞いたりして、はじめからきれいなノウハウを学ぶことも悪くはありません。ただし、それだけでは、使えるノウハウにはなりません。

やはり重要なのは実践を通しての経験。

そして、その自分の経験を、うまく解釈して言語化し、人に伝えていくと、それはとても優れたノウハウになっていくのです。

経験を積み、自分の経験に基づいて語るならば、そのコンテンツのレベルは、自分の経験を積めば積むほど、高まっていくわけです。

アウトプットを意識して、徹底的にインプットすると言っても良いかもしれません。

私の場合で言えば、プレゼンテーション、リーダーシップ開発。

いずれの場合も、リアルな事例に大量に触れる機会に恵まれました。

事例を積み重ね、それを抽象化してコンテンツにしていくことでクオリティがどんどん上がっていったのです。今でもどんどん、成長している実感があります。

そしてこれは、別に私に限らず、誰にでもできることのはずです。

なぜなら、誰にでもリアルな現場、すなわち目の前の仕事があるから。そこで多くの事例を経験しながら集めていけばいいのです。

コンテンツのクオリティを上げるということは、言い換えると、「現場に触れまくる」ということでもあります。

ただし、一生懸命仕事をして、現場で経験を積みまくっていても、事例を集めたところで終わってしまっている、という人が意外と多いものです。

そんな人は、**「So what?」と自分に問いかける習慣を身につけましょう。**

「So what?」とは、「それで？」とか「つまり、どういうこと？」という意味。

経験を積んだ上で、自分自身に「それで？」「つまり、どういうこと？」と問いかけることで、**自分なりの一般論、教訓を導く機会を意識的に設ける**ということです。

私は、プレゼンテーションにしても、リーダーシップ開発にしても、人前で話す機会、つまりアウトプットの機会を繰り返す中で、この「So what?」を自分自身に問いかけるようにしました。

「So what?」と自分に問いかけ、たくさんある事例を考え直し、「これとこれは同じことだ」「この事例とこの事例からこんな教訓が引き出せる」といった一般化をすることによって、他人に伝わるコンテンツになります。

まず、現場に触れまくって経験、事例を自分の中に蓄積する。そして、アウトプットの機会を設けて「So what?」で経験を一般化し、コンテンツ化し、他人に伝える。さらに現場に触れて、経験し、「So what?」でコンテンツのクオリティを上げていく。

クオリティを高めるためには、このサイクルが必要不可欠です。

アウトプットの機会は、人に教える、講演や勉強会での発表などに限らず、同僚との対話でもいいでしょう。

何かしらの形でいいので、このアウトプットとインプットのサイクルを回していくことが、最終的な仕事のクオリティを上げる上でポイントになるのです。

わらしべ長者的キャリアの極意
2. 常に人を驚かせよ

「わらしべ長者的キャリア」の2つ目のポイントは、他人を驚かせること。

仕事のクオリティを上げた上で、今度はそのクオリティによって**相手が驚くような「特異点」をつくってアピールしましょう。**

自分自身で「これはよくできた」と思う仕事をするだけでなく、他人にインパクトを与えられると、口コミで人に伝わり、そこから次のステップに仕事が広がっていったりするからです。

私が「驚かせること」の重要性を最初に感じたのは、「ＫＤＤＩ∞Ｌａｂｏ」というスタートアップ支援プログラムで、プレゼンの稽古をしたときのこと。

このとき頼まれたのは、スタートアップの起業家たちへのプレゼン稽古。私の仕事はデモデー（発表会）1週間前の、講義と個別の稽古です。

ところが、講義と個別の稽古を終えて、デモデーが前々日に迫ったときのことです。彼らに状況を聞いたところ、「全然うまくいかない」と言うのです。みんなそれぞれにプレゼンの練習をして、クオリティを高めようとしてはいるのに、どうにも思うようなプレゼンにならない、と。

そこまで言うなら、と私はデモデーの前日、たしか日曜日だったと思いますが、「本番に向けての練習をやろう」と呼びかけて起業家たちを集めました。

もちろん、事務局からは何も頼まれていません。私の自主的な活動です。

この前日の練習で、彼らのプレゼンのレベルはぐんと上がりました。

その結果、翌日のデモデーは大成功し、プレゼンも好評を得てプログラムを終えることができました。

事務局はびっくりしたようです。講義と個別の稽古を1週間前に頼んだら、デモデーの前日に自主的に練習をしてくれた。しかも、本番を迎えたらプレゼンのレベルが明らかに上がっていたからです。

私からすると、彼らのプレゼンのレベルを上げることが自分の責務なのだから、「なんとかしなくちゃ」と思ってやっただけのこと。

けれども、相手は驚き、喜んでくれたのです。

「100%とか120%の成果を出すだけじゃダメで、200%ぐらい、ドーンと成果を出さなければダメなんだ」

そう気づいた瞬間でした。

これは極端な例かもしれませんが、とにかく、相手が驚くくらいのことをやる。

その意識は今でも私の心に根付いています。


実際、その後、「KDDI∞Labo」でプレゼンのレベルがそれまでより圧倒的に上がったというのが口コミで広がり、他のプログラムでもトレーナーとして呼ばれるようになりました。

「そうか、びっくりすると、人はそのことを誰かに話すんだな」

これも、このとき気づいたことです。


ここまで聞いて、ハードルが高いと思われた方もいるかもしれませんが、そんなことはありません。

基本的には、仕事のクオリティを上げまくっていけば、相手がびっくりするポイントは何かしらできます。そこで突き抜ければいいのです。

つまり、わらしべ長者的キャリアの極意1「クオリティを徹底的に上げよ」を追求していけば、自然と極意2にもつながるのです。

ただ、1つ意識しておかないといけないことがあります。

「自分なりにがんばる」ことだけを考えるのではなく、**「他人はどうされると嬉しいか」を考え、きちんと理解すること**です。

先の例で言えば、事務局は参加者のプレゼンのレベルが上がれば嬉しいわけです。

この意識を持って、どうすれば喜んでもらえるかを徹底的に詰めていく。

すると、相手（ユーザー、顧客など）が喜ぶことがわかってくるので、びっくりするポイント、特異点が自然と生まれます。

そして、仕事のクオリティによって他人を驚かせることは、口コミにつながり、よりいっそうチャンスを増やしてくれる。これがこの経験を通じて私が学んだことです。

わらしべ長者的キャリアの極意
3．食わず嫌いせず、何でも引き受けよ

最後のポイントは、「頼まれた仕事は、まずは全部引き受けること」。

非常にシンプルですが、とても大事なポイントです。

口コミであなたの評判が広がれば、仕事を頼まれる機会は自ずと増えていきます。

「やってみないか」「やってくれないか」と言われた仕事は、損得勘定を考える前に、まずは断らずに全部やってみるようにしましょう。私は、そうしてきました。

食わず嫌いをせずに、何でも引き受けているとどうなるか。

「あの人は、頼めば引き受けてくれる」という評判がまた広がり、さらに頼まれやすくなります。

誰しも経験があるでしょうが、「あの人、引き受けてくれるかなあ」「渋い顔をされたりしないだろうか」などと、心配になる相手には頼みごとをしづらいものです。

これに対して、何を頼んでも「喜んで！」と引き受けてくれる相手には頼みやすいもの。当然ですね。

ですから、最初はできるだけ「頼みやすい人」と評価されるよう、頼まれるハードル自体を普段から下げていくことをおすすめします。

私の経験上、何でも引き受けていると、さらに色々なことを頼まれるようになります。すると、よりいっそう、多様な経験を蓄積していくことができるようになる。色々なボールを貯めることができるようになる。

現場に触れまくることによって、仕事のクオリティはますます上がっていく……。先に話した「インプットとアウトプットのサイクル」が、自分でも気づかないうちに「高速化」していくこと、間違いありません。

もちろん、それを続けていると、パンクするまで引き受けることになります。それでも引き受けていると、生産性を高めないと続かないので、どんどん仕事の質が上がっていきます。

それでも引き受けていると本当にパンクするので、そのときはじめて、仕事を取捨選択していけばよいのです。その頃には、その判断がつくくらいにはクオリティが上がっています。

以上、本章では「わらしべ長者的キャリア」の説明をしてきました。

「やりたいこと」や目標、志はあれば素晴らしい。

けれども、なくたって大丈夫。

そのかわり、**足元の仕事を120％の力でやる。**

これが、私なりのキャリア論のスタート地点です。

目の前の仕事を徹底的にやれば、リアルな経験がどんどん貯まっていく。

経験を貯めていった先で「突き抜ける」ことができるのです。

具体的な努力の仕方としては、「わらしべ長者的キャリア」の3つの極意、「クオリティを徹底的に上げる」「常に人を驚かせる」「食わず嫌いせず、何でも引き受ける」ことを心がけてみてください。

すると、より幅広く、より深い経験を貯めていくことができるはずです。

そして、**徹底的に貯めていった経験は、自分では想像もしていなかったキャリアを開いてくれます。**私自身、そもそもこうしてキャリア論を語っている自分なんて、想像していませんでした。

やりたいことはなくていい。目標もはっきりしていなくていい。そのせいでモヤモヤすることもあるでしょう。私もさんざんモヤモヤしてきました。

モヤモヤしながらでも全然構いません。目の前の仕事で経験を貯めましょう。まずは、そこからです。

1point advice

「わらしべ長者的キャリア」で、想像もしない未来を切り開け！

第1章
まとめ

まずは「目の前の仕事に120%の力」を注げ

→ 今やっていることからしかキャリアは開けない。

まずは「やるべきこと」を突き詰めよ

→ mustの積み重ねがcanにつながり、willを導く。

キャリアの基本は「わらしべ長者」

→ 想像もしない未来を切り開く唯一の方法がこれ。

第2章

「仕事恐怖症」だった私が、仕事に救われた理由

「働くモチベーション」を高める方法

仕事恐怖症だった私が見つけた「働くモチベーション」

第1章では、私の経験からキャリアに対する考え方をお話ししました。
本章以降では、その私の人生経験、およびそこから「これはぜひ皆さんに伝えたい」と強く感じた教訓をお伝えしたいと思います。

とは言っても、成功体験を語るというよりは、失敗談を赤裸々に語る、と言ったほうが近いかもしれません。情けないこと、惨めなこと、そのときに抱いた劣等感や焦燥感をいくつも経験して、それでも、私はこうして皆さんに、自分の経験をメッセージとしてお伝えできるくらいにはなれました。だから、こう伝えたい。

きっと、大丈夫。絶対になんとかなる。

今、この本を読んでいるあなたがどんな苦しい経験をしているのか、私にはうかがい知ることはできませんが、それでもこのメッセージを伝えたいです。
特に、若い読者の皆さんには、私の経験を「準備運動」として、読んでいただきたいと思います。こんな人間でも、目の前のことを愚直に考え抜いて生きていれば、なんとかなるということをお伝えしたい、と思います。

この章では、社会人になったばかりの20代の頃の私の経験を振り返ります。

一言で言うと、その頃の私は**「仕事恐怖症」**でした。

そもそも、高校時代～大学時代という、普通の人ならキラキラ輝いているはずの時代が、私にとっては「暗黒期そのもの」でした。

そのきっかけをさかのぼると――ずいぶんさかのぼりますが――高校1年のときにそれまで熱心にやっていたテニス部を出席日数不足でクビになったことがきっかけです。地元のテニスクラブで練習し、学校での練習はサボリがちだったのが理由です。

学校のクラブ活動を「クビになる」経験は、そうそうあることではありません。それによって私は、人と触れ合うこと、集団の中で何かをすることに対して、苦手意識が芽生えてしまいました。

勉強も当然、おろそかになり、大学入試にも失敗。その後、一浪して大学に入るも、人と触れ合うことや、集団で何かをすることへの苦手意識はさらに深まっていきました。

基本的に何事にも「やってらんねーよ」というナナメの態度。

だから、何も打ち込むものがない。バンドをやってみたりもするけれど、中途半端。かといって、本気で学問に取り組むわけでもない。コミュニケーションや集団生活に苦手意識を募らせながら、斜に構えたまま大学時代を過ごしました。

そして、就職活動をし、銀行への就職を決めたのはバブル絶頂期の１９８９年。時代が時代なので、今でいう「コミュ障」のようなタイプの私でも、さして苦労もなく就職できてしまったわけです。

案の定、そんな状態のまま社会人生活がうまくいくはずはありません。

しかし、私はそんな「人生の不調期」から、なんとか復活することができました。それは、**「自分が働くモチベーション」を見つけることができたから**です。

仕事恐怖症だった私が、どうやって仕事のモチベーションを見つけることができたのか？　その詳しいお話を、これからすることとしましょう。

1point advice

仕事のモチベーションは、誰でも見つけられるもの

「俺はまだ本気出してないだけ」からのメンタル不調

「仕事が嫌だ」「今の仕事にやりがいを感じられない」。

そんな不満を抱えている若手のビジネスパーソンは多いと思います。

しかし、大学を出て就職したばかりの私は、それどころではありません。もっとひどい状態でした。

「なんでこんな仕事をしているんだ」と思える人は、まだいい。

私の場合は、**そもそも「仕事とはどうやったらいいのか」がわからなかった**のです。

先輩とどう接したらいいのかわからない。

同期の飲み会も、なじめない雰囲気を勝手に感じて、参加したくない。

「なんでみんなは、同期であんなに盛り上がれるんだろう？」と思っていました。

斜に構えているし、コミュニケーションも苦手なので、人と話すのが嫌なのです。

だから、会社に行くのも嫌。そんなに仕事が嫌だったら辞めればいい、と思われるかもしれませんが、「なんで俺、背広着てこんなところにいるんだっけ？」という状態なので、転職する、という選択肢さえ考えられません。

要するに、職場に適応できていなかった、それも徹底的に適応できていなかった、ということです。

もちろん、仕事も全然できません。

新人研修が始まって1ヶ月くらい経った頃、遅刻をして怒られました。「新人は早く来いよ」「わかりました、すみませんでした」と謝った翌日、また遅刻して研修リーダーに激怒されるような社員でした。

新人歓迎会を開いてもらったときには、その日ちょうど観たいテレビがあったので、途中で「すいません、先に帰ります」と言って帰ってしまい、その翌日、盛大に叱られました。でも、「なんで怒られるんだ?」と、意図を汲み取ることもできません。

他にも毎日のように失敗をして、半年間の研修を終えた頃には研修で「不合格」をつけられた4人の中に入ってしまいました。

要するにこの頃は、社会人として、それ以前に人間として当然持っているべき常識がなかったのです。自分にばかり意識が向かってしまって、それをやったら相手がどう感じるか、という程度のこともわかっていなかったのです。

こうして「不合格」の新人としてスタートし、それからしばらくは、相変わらず失敗ばかりしながら、どうしたらいいのかわからない日々が続きました。

でも、そんな毎日を過ごしながら、**心のどこかで「俺はまだ本気を出していないだけ」と思ってもいました。**

バブルの残り香がある頃ですから、同期はみんな楽しく合コンをしたりしていました。仕事でも結果を出して、先輩とも仲良くやって、生き生きと日々を過ごしている。それを横目に見ながら、私は相変わらず斜に構えて、とにかく居心地の悪い日々を過ごしていました。それどころか、居心地の悪さは、どんどん強くなっていきました。

ある朝、突然玄関から出られなくなった

そんな毎日を送っていた結果、26歳にして私は爆発します。

取引先を訪問しているとき、謎の吐き気に襲われ、そのまま2時間ほどトイレに立て籠もってしまったのです。

うつ症状が表面化したのです。

それから数週間は、会社に行くことができませんでした。

朝起きて、背広を着て、玄関を出ようとすると吐き気がこみ上げてくる。出社するどころではありません。

結局、数週間、会社を休むことになりました。


今だったら、診断書をとって休職することになるレベルかもしれません。

しかし、当時はまだメンタルヘルスに対する理解が進んでいなかった、いえ、メンタルヘルスなんていう言葉自体がなかった時代です。休んでいる自分自身でさえ、これは単なる「イヤイヤ病」とか、ズル休みだと思っていました。

数週間が過ぎて、「さすがにこれはヤバい」と思った私は仕方なく出社しました。そこからは、吐きながら仕事をする毎日です。


今にして思えば、これは「仕事恐怖症」「人間恐怖症」だったのかな、と思います。

仕事の意味がわからなくて、職場での人間関係も怖くて仕方がない。それに耐えて無理に会社に行っているうちに、会社に行けなくなったのです。

そんな私がどうやってそこから「仕事恐怖症」を克服することができたのか。

私が、**うつ症状から抜け出すきっかけとなったのは、仕事でした。**

私は仕事に救われたのです。

誤解のないように言っておきますが、「うつは会社に行けば治る」などという暴論を吐くつもりはありません。メンタルの不調を抱えている人は、しっかり休んでください。

ですが、私は間違いなく、仕事がきっかけとなって、復活を遂げることができました。

その話をこれからしようと思います。

1point advice

不調になっても、人生はなんとかなる

ダメ社員の仕事が「逆転ホームラン」になったワケ

その仕事というのは、担当していたあるマンション会社、A社の融資案件です。

当時の私は、まだ若かったせいもあって、とにかく「かっこいい会社」を担当したいと思っていました。すると、どうしても目立つ会社に目が行きます。

A社は、私の担当している25社の中で、唯一テレビコマーシャルをやっていました。F1の番組のスポンサーをしているのを知っていたので、「おお、テレビコマーシャルをしているあの会社か」となんだか嬉しかったのを覚えています（我ながら安直ですが）。


そんなわけで、この会社の皆さんとは仲良くさせてもらっていました。

特に、経理部長には毎晩のように電話をいただきました。そして、「うちの会社がいかにちゃんとしているか」ということを、あれやこれやの視点で説明してくれました。

私も関係を深めていけるのが嬉しかったので、毎晩、しっかりと話を聞きました。

すると、聞いているうちに、

「私たちはまだ、仕入れが復活できる状況じゃない」

「既存の塩漬け物件を処理するので今はいっぱいいっぱいだ」

「けれど、復活したあかつきには融資をお願いしたい。そのときには、あなたが頼りだ」

なんていうディープな話も出てきます（当時はバブル崩壊後で、マンション業界がとても厳しい時期でした）。

この頃は、私がなんとか職場復帰して、どうにかこうにか仕事をしていたちょうどその時期。そしていよいよこの会社は、銀行から借り入れをして新しいマンション案件に着手することになりました。

このとき、「あなたしかいないんだ」と私を頼ってくれたのが、この経理部長でした。

そう言われると、意気に感じないわけがありません。

とはいえ、私はバリバリ仕事ができる状態ではなく、毎日吐きそうになりながらどうにかこうにか仕事をしている毎日。そして仕事のスキルもまったくついていません。

「大丈夫かな？」というのが正直なところでした。

「やるしかない」一心で上司と社内中を駆けずり回る

どうしようかと思った私は、当時の上司に相談しました。

返ってきた答えは今でもよく覚えています。「自分を納得させてくれたら、社内中駆けずり回ってお前の案件を成立させてやる」と言うのです。

さらに、周りの先輩たちが寄ってたかって助けてくれたのです。「これを調べろ」「あの人に聞いてみろ」「こうやって考えるんだ」と。

こうした助けがあって、私はなんとか仕事を進めていくことができました。

考えてみると、「あなたしかいないんだ」と言ってくれた取引先の経理部長といい、背中を押してくれた上司といい、助けてくれた先輩たちといい、私はメンターのような存在になってくれる人に恵まれていました。

こうなるともう、やるしかない。

私は狂ったようにマンション業界について勉強をし、情報を集めていきました。

融資案件を成立させるためには、これからA社がつくろうとしているマンションが、「間違いなく売れる物件」であることを証明しなければいけません。

まずやったことは、ある先輩のアドバイスに従ってアパート・マンション情報誌を買ってくること。インターネットもまだ普及していない時代ですから、情報集めもアナログです。そして、1冊分の新築マンションのデータをすべて見て、まずは手元で整理しました。

データを見ていくと、どうやら都心から最寄駅までの電車の時間と、最寄駅から（徒歩やバスで）かかる時間が、マンションの平米あたりの単価に大きな影響を与えていそうだ、と気づきました。さらにデータを集めて集計していくと、「都心からの距離」「最寄り駅からの距離」「平米あたりの価格」の計算式みたいなものを自分なりに導くことができたのです。

言ってみれば、フレームワークを自分でつくってしまったようなものです。

まあ、既存の知識を勉強するのが苦手だった、ということもあるのですが……。

ともかく、この数式によると、今回の物件は、「誰が見てもべらぼうに割安だ」という結論が得られました。考えてみると、これは当然の話。当時、新築で発売されていた他の物件は、すべてバブルの最後のほうに仕入れている物件なので、コストがやたらに高く、当然、販売価格も跳ね上がっています。

一方、バブル崩壊後の仕入れとなる今回の物件は、その分割安になるわけです。しかし、リスクを恐れてどこも手を出していなかったのです。

正直、「これはいける」と思いました。

今回の物件は、割安であるために必ず売れる。しかも、A社は歴史が新しいだけに財務体質も傷んでいない。そんなことを根拠にして、私は懸命に上司に説明しました。

時期が時期だけに、銀行の本部はリスクをとることに消極的です。けれども、上司も約束通り、ほうぼうを駆けずり回って説得にあたってくれました。

おかげで、この案件は見事に成立することになりました。

「仕事って怖くない」と心から思えた瞬間

幸運なことに、結果的にこれは、バブル崩壊後のマンション新規融資物件としては、先がけの案件となりました。銀行のマンション業者に対する新規貸出自体、これがバブル崩壊以降では最速レベルだった、とも聞きました。

さらに、発売してみると、予想通り売れ行きは好調。行列ができるくらいの好評ぶりです。A社の社長が後に語っていた言葉を借りれば、結果的にこの案件が、「第６次マンションブームのきっかけの1つになった」とまで評価していただきました。

もちろん、やっている最中は、バブル崩壊後のこの状況下で、「新たなマンションブームを起こそう」なんて考えもしません。相変わらず吐き気に襲われながら、必死で駆けずり回っていたというのが正直なところです。

ともかく、私が必死でやり抜いた仕事は、予想以上の成果をあげて終わることができたのです。


忘れられないのは、無事に案件が成立してA社の社長と飲みに行ったときのこと。

2人で泣きながら抱き合って「よかった、よかった」と喜び合ったのです。

このとき、生まれてはじめて私は、**「仕事って悪いものじゃないな」「仕事って怖いものじゃないんだな」と思えたのです。**


就職して、職場にも仕事にもなじめず、ついにメンタル不調になってしまった私は、仕事自体が怖かった。会議室に入って、人と顔を合わせて、商売のやり取りをする。それ自体がもう、怖くて怖くて仕方がなかった。

「取って食われるんじゃなかろうか」というような心持ちで仕事をしていました。

けれども、実際の仕事はそうではなかった。

仕事をする相手は、みんな普通の人間です。一生懸命にやれば相手も応えてくれるし、助けてくれる。だから仕事は怖くない。心からそう思えたのです。


別に、この案件を通じて、急に仕事ができるようになったわけではありません。

しかし、必要以上に怖がっていた仕事が怖くなくなりました。

「自分も仕事をしていていいんだ」と思えるようになったのです。

さらに言えば、「仕事を通じて、自分と社会はつながっているんだ」と実感できました。

その意味で、私にとってターニングポイントとなる出来事でしたし、文字通り私は仕事に助けられたのだと思います。

1point advice

仕事を怖がる必要なんて1ミリもない

今やっている仕事が一瞬で楽しくなる一番簡単な方法

どこからどう見ても「仕事恐怖症」だった私ですが、この「仕事をやり遂げる経験」によって、驚くほど大きく変わることができました。

「あなたしかいない」と言ってくれた取引先、「なんとかしてやる」と言ってくれた上司、助けてくれた先輩や同僚といった、目の前にいる人たちのためにがんばれたのです。

それまでの私は、仕事恐怖症に加えて、「モチベーション迷子」でもありました。

仕事をする上で、自分が一番楽しい瞬間はどんなときか、何のために仕事をしているのかというモチベーションの源泉がどういうものなのか、わかっていなかったのです。

しかし、この経験を通じて、私は**「目の前の人の役に立つこと」が、自分のモチベーションの源泉だ**とはっきり気づくことができました。

同時に「目の前の人の役に立つということは、社会の役に立つのと同じことだ」と、心から理解することができたのです。

それまでの私は、自分と社会との結びつきをあまり感じられていませんでした。

仕事をしていても、それが社会の役に立っているという実感がない。

だから、「なんで自分はこんなところにいるんだ?」「仕事って何なんだ?」という迷いが生じ、それは最終的に「自分がどんなことをしたって、何も変わらない」という無気力につながっていました。

そんな状態だから、目の前にいる顧客や、一緒に仕事をする仲間のことも、心のどこかで「彼らのためになることをすることに意味があるのだろうか」と思っていたのです。

このような状態は、自分と社会とのつながりが見えなくなっている状態です。

胸を張って「社会の役に立っている」と誇ればいい

しかし、この経験を通じて、そこはシンプルに考えればいい、と気づいたのです。

目の前の人が、自分の近くにいる仲間が、顧客が、社会につながっているのだと。

目の前の仕事をするということが、社会の役に立つことそのものだと。

結局、仕事というのはそういうものであるはずです。誰かのために何かをやって、喜んでもらえるからこそ、お金をもらえるわけですから。

本当に働き始めたばかりの時期は別として、それなりに経験を積んできたビジネスパーソンは、当然のように社会の中で生きている。目の前の仕事をすることによって誰かの役に立っている。その分だけ、何らかの形で社会は良くなっている。

それを認めることを拒絶する必要はありません。

自分と社会との結びつき、と言うと大げさな話のように聞こえます。

けれども実際は、自分の仕事で笑顔になってくれる人のことを考えて仕事をしていけばいい。それがすなわち世の中に貢献しているということなのです。


この感覚は、すでに持っている人にとっては当然のものでしょう。

しかし、かつての私のように、自分のことでいっぱいいっぱいな人にとっては、実感がわかないかもしれません。

特に、周囲と自分とを比較して「自分はやっぱりダメなんだ」「もっとがんばらないと」という焦燥感を抱いている、そんなときには、この感覚を忘れがちです。

そういう人でも、私にとってのＡ社のマンション案件のような、お客様に喜んでもらえる経験があれば、すぐに気づくと思います。

そのためには、**自分の仕事が役に立っているという実感を得る機会も大切です。**

A社の案件が無事成立してしばらくしてからのこと。

私は無事完成したマンションが分譲され、実際に人が住み始めた現地を見に行きました。融資を成立させるために稟議書を回したり、資料を集めたりと必死で仕事をしていたときは、これからつくろうとしている物件に住む人のことなんて考えてもいませんでした。

それが、現地に行き、たくさんの人々がそのマンションに出入りする様子を見たときの、

「ああ、かたちになっているんだな」

「実際に住んでいる人がいるんだ」

という感激は今でも忘れることができません。

自分が手がけた物件に、住んでいる人がいる。自分の仕事が、実際に少しだけ社会に貢献した、という実感。笑顔でマンションに入っていく家族を見て、涙が止まりませんでし

た。その光景は、25年以上経った今でも、鮮明に覚えています。
この「実感」を得られるかどうかは、とても重要なことです。

デジタル化が進み、インターネットサービスが発展した現在においては、直接お客様やユーザーに触れる機会が減り、「これを誰が使っているか、わからない」という状況が増えているかもしれません。
しかし、だからこそ、時には自分の仕事が役に立っている「現場」を探し、そこに足を運んでみることにも、大きな意味があると思うのです。

1point advice

あなたの仕事は、いつだって誰かの役に立っている

長い目で見れば、すべての仕事は「右肩上がり」

仕事恐怖症だった私は、こうしてなんとか仕事ができるようになりました。

といっても、仕事が日々、回せるようになっただけ。

優秀な人、という意味での「仕事ができる人」になったわけではまったくありません。

要するに、普通に仕事をするようになったというだけのことです。


この後も、相変わらず、たくさん失敗を経験しました。

マンション案件からしばらくして、法人担当から金融法人担当という仕事に移りました。

これは、地銀（地方銀行）や信組（信用協同組合）などを担当する営業職です。

ところが、この仕事が何をすればいいものなのか、皆目見当がつかない。主には銀行で発行していた金融債を販売するのですが、金額は年度はじめに決めるので、あとは事務処理をするだけです。

言われた仕事をこなすことはなんとかできるようになってはいたものの、金融法人担当は私がいた支店では1人だけ。それなりの裁量もある中で、言われた以上の仕事を自分で考えて動かなければいけない。となると、とたんにどうしたらいいかわからなくなったのです。

わからないなら上司なり、先輩なりを見つけて聞けばいいのですが、相変わらずコミュニケーションが苦手なところがあり、それもできません。

そうこうしているうちに1ヶ月、2ヶ月と経ってしまうと、今度は「今さら聞きたくても聞けない」という状態になってしまいました。

ルーティンの事務処理だけなら日々、2時間で終わってしまう仕事なので、楽なことは楽でした。でも、毎日定時で帰れるから、遊びを満喫しようと思えるほど図太くもない。

そんなわけで、1年ほどは「どうしたらいいんだろう？」と悩み、苦しみました。


相変わらずこんな状況だった私ですが、このときも、とある仕事に全力を出すことで、私は窮地から脱しました。

あるとき、小口になって新発売された金融商品の販売という仕事が降ってきました。要するに、商品の売り子です。

売り子なら、やるべきことははっきりしています。今まで、何を提案していいかわからなくて、疎遠になってしまっていた取引先にも、わかりやすい提案ができます。

「これなら、自分でもできるかもしれない！」という思いが生まれ、全力投球してみたいという気持ちになったのです。

そこで、夢中になって営業に駆けずり回りました。結果、この金融商品の営業では全国トップの成績をとってしまいました（といっても、全支店を合わせても20人ほどしか営業担当がいなかった中での1位ですが）。

このとき私は「やっぱり、全力で何かをやれば良い結果につながるんだ」という思いを強めました。

と同時に、**「仕事がうまくいくきっかけなんて、こんなもんだ」**とも思えたのです。

これはもちろん良い意味です。つまり、自分の近くに必ず状況を打開するチャンスは眠っている、と心から思うことができました。

成功と失敗のジェットコースターから学べ！

私の若い頃の仕事人生は、ジェットコースターの上昇と下降を繰り返しているような印象でした。

この後も、国際業務の本部に異動となり、またしても「何がなんだかわからない」と悶々としたり。その頃、海外のドル建て資産を圧縮しなければならないタイミングだったのですが、どうやってそれを進めたらいいか、まったくわからない。

その後も、取引先から依頼された事務処理を1年放置してしまったり、倒産寸前の会社に手形帳を大量に発行してしまい、詐欺に使われてしまったりと、洒落《しゃれ》にならないミスもいっぱいしました。

極めつきは、当時の頭取に直訴メールを送って左遷されるという「頭取メール事件」。これは、当時15人ほどの同僚と会社の話をしているうち、「みんなで頭取に『辞めて、経営陣を一新せよ』と直訴しようぜ！」と盛り上がり、いざメールを送ってみると、本当に送っていたのは私だけだった、という話です。正直、人間不信にもなりかけました。

最終的に、会社への反抗心が積もり積もって、「金髪・ノーネクタイ」で出社していた時期もありました。それくらい、とんでもなく組織になじめない人間だったのです。

そんな中でも、自分の成長を感じられることもありました。

取引先の企業に、金融子会社をつくる提案をしていたときのこと。普通に仕事をしているつもりでしたが、ある日突然、先方の社長さんに、「こんな提案をしてくれるのはおたくだけだよ」と言われたのです。

他の銀行は融資を受けてくれ、外為（外国為替）をやってくれといった「お願い」ばかりなのに、私は色々なことを本当によく考えてくれていると。

新人の頃は、「大変だ、どうしよう」と自分の不安や恐怖ばかりに意識が向かってしまって、他人のことを考えられなかった私が、お客様に「よく考えてくれている」と褒められるようになったわけです。30代に差し掛かる頃になって、ようやく自分軸と他者への貢献のバランスを学べたということでしょう。

成功ばかりしていたわけでもない。失敗から即座に学んで成長できたわけでもない。

そんなことができるのは、スーパービジネスマンだけです。

私は同じような失敗を繰り返しながら、それでも少しずつ成長していったのです。

仕事を続けていれば、経験は蓄積していく。

長い目で見れば、徐々に右肩上がりに成長していく。

当たり前のことですが、その当たり前のことを仕事を通じて学んでいっただけです。

つらいときこそ、「仕事に逃げろ」

第1章で「仕事に逃げていい」という話をしました。

明確な目標がない、将来の自分のキャリアが見えない、そのせいで不安になる、モヤモヤする……という人は、目の前の仕事に「逃げて」いい。ただし全力で、という話です。


この章の最後でも、改めて「仕事に逃げること」は正しい、とお伝えしたい。

仕事のモチベーションがわかないとき。

職場の居心地が悪いとき。

仕事の意味が見えないとき。

そんな、働いている上で誰にでもあるつらいときこそ、「今の仕事に逃げろ」と。

仕事の意味がまったく見えず、それどころか仕事恐怖症で、職場の人間関係にもなじめない。あげくのはてにメンタル不調にもなった。

モチベーションはゼロどころか、圧倒的なマイナスでした。

そんな私は、たまたま託された1つの案件に、偶然目の前に現れた1つの仕事に打ち込むことで救われました。つまり、**「仕事に逃げる」ことで、私は救われたのです。**

そして、仕事を続けることで、ゆっくりとではあるけれども成長できました。

だから、仕事に逃げていい。特につらいときこそ、仕事に逃げろ、と伝えたいのです。

目の前の仕事に打ち込むということは、目の前にいる人のために働くということでもあります。あなたの目の前にいる人は、普通の人間です。目の前の誰かのために働けば、仕事は怖くない。そして、その先には自分の仕事と社会とのつながりも見えてきます。

仕事のモチベーションとは、そういうところから生まれてくるのではないでしょうか。

1point advice

打ち込んだ仕事は、必ずあなたを成長させてくれる

第２章 まとめ

不調になっても、大丈夫！

→ 結局は、「目の前の仕事」や近くの仲間が助けてくれる。

胸を張って、自分の仕事を誇ればいい

→ 目の前の仕事を続けていれば、それが社会貢献につながる。

成功と失敗のジェットコースターから学べ！

→ 仕事に打ち込んでいれば、必ず成長できる。

第3章

「なぜか周りに助けられる人」が大切にしていること

「コミュニケーション」の法則

あなたのキャリアは「応援される力」で決まる

第3章では、主に私の30代の経験を振り返って、あなたのキャリアを大きく左右する「コミュニケーション能力」についてお話ししたいと思います。

そもそも、「コミュニケーション能力が、キャリアとどう関係あるの？」と思われる方は多いでしょう。

しかし、実は**「あなたのキャリアはコミュニケーション能力で9割決まる」**と言っても過言ではありません。

なぜなら、「誰に、どの程度応援される人になるか」は、あなたの将来を決定づける大きな要素だからです。そのためにはコミュニケーション能力が不可欠です。

第1章では、目の前のことを１２０％やれと言いましたが、その後に誰からも仕事を任されなかったら、その好循環は途切れてしまいます。どんなにスキルが磨かれても、発揮する場がなければ、キャリアの可能性は広がりません。

実際に、今の私が専門としている2つの軸は、どちらも「人から舞い込んだ依頼」から始まったものです。

人から応援され、「この人と一緒に仕事がしたい」と思われる人になることの重要性は、言わずもがなでしょう。

では、どうすれば「応援される人間」になれるのか？

それは **「フラットな人間関係を築けるかどうか」** で決まると私は考えます。

フラットな人間関係とは、上下関係なく、誰とでも対等に接すること。

もっと言えば、相手のありのままを受け入れるということです。

少し考えてみればわかることですが、話す相手によって態度を大きく変える人を、人は応援したいとは思いません。この姿勢が身につかないと、「あの人は上司や偉い人にばかり目が向いている」となって、色々なきっかけを失ってしまいます。

この後でお話ししますが、私は30代くらいまでずっと、フラットな関係を人と築ける人間ではありませんでした。仕事はできるようになっても、こればかりはダメダメなままでした。

心のどこかにオドオドしている自分がいて、先輩や上司に強く自分の意見が言えず、顔色をうかがってしまう。無意識のうちに、相手を区別していたのです。

しかし、色々な経験を経た今では、「フラットな人間関係が、本当に価値のあるチャンスを持ってきてくれる」と断言できます。

だからこのことを、皆さんにはぜひ今から知っておいてほしいのです。

現在、そういう思いもあって、私はＹａｈｏｏ！アカデミアのウェイ（理念）を**「Free、Flat、Fun」**という言葉で定義しています。

これは「偉い人」も「普通の人」も対等に、自由に楽しく学ぼうということです。

そうでなければ、お互いに実りある気づきは得られないと私は思います。

本章では、そんなあなたのキャリアを左右する「フラットな人間関係を築くコツ」を紹介していきたいと思います。

1point advice

フラットな人間関係を築けば、キャリアは開ける

環境を変えると、それだけでうまくいく

30代になった私は、ひょんなことから文具・オフィス家具製造流通のプラスに転職することになりました。

このとき、私は36歳。銀行で課長代理という役職からの転職でした。

銀行のような金融業から文具・オフィス家具の製造流通業への転職は、まったく違う世界へのチャレンジです。

当然、これまで培ってきたスキルだけでは通用しません。

正直、不安はありましたし、当初はずいぶん悩みもしました。

特に不安だったのは、私がこれまで銀行で培ってきた金融知識なんて全然関係のない、リアルにモノを動かす世界だということ。

それもあって、最初は知らないことに触れるために、物流部門に所属し、物流センターで商品をピッキングしたり、配達用のトラックの助手席に乗ったりといった仕事から、新たなキャリアをスタートさせました。

このはじめての転職の後には、プラスからヤフーへもう一度、転職しています。

２回の転職経験、そして、同じ社内でも部署や担当を何度も変わってきた経験を通じて、環境を変えることの意味を知ることができたように思います。

転職すれば、苦労することはもちろんたくさんあります（この後、詳しくお話しします）。けれども、**環境が変わるだけで、仕事がうまくいくようになったり、仕事が楽しくなったりすることも、またよくあることです。**

これは、1つには、環境が変わることで、自然と自分を俯瞰《ふかん》して見ることができるようになるからでしょう。

他者を通じて、「世界は広大だ」と認識せよ！

転職をしたり、これまでと全然違う仕事に転じたときには、

「これまで自分がしてきた仕事は、こういうもの」

「これから自分がしていく仕事は、こういうもの」

という全体像を摑《つか》んで、変化に対応しなければいけません。

となると、自分の経験や能力を、自ずと俯瞰して見ることになる。

この視点の切り替わりによって、これまでできなかったことができるようになったり、

仕事に取り組む姿勢がガラリと変わったりするものです。

視点が変わるだけでなく、当然、視野も広がります。

もっと言えば、「世界」が変わると言ってもいいでしょう。

これまで働いていた環境で、「仕事とはこういうものだ」という1つの「世界観」ができあがっている。そのときは、今いる環境だけが「世界」だと思っている。

しかし、**環境を変えると、「世界」は今までいた場所の外にも広がっていたんだ、と気づくことができるのです。**

当たり前のことのようですが、それを実感を持って気づくことができるかどうかは、大きな差になります。

私自身、銀行時代はスーツを着て会社の経営者たちと話す仕事だったのが、プラスに移ってからは物流センターで、作業着を着た現場の人たちと一緒に汗を流す仕事に変わりました。たったこれだけで、「世界は広いな」と実感することができました。

これは、今まで1つしかなかった物差しが2つに増えて、直線ではなく2次元の平面でビジネスを捉えられるようになったということでもありました。

後にヤフーに転職してからは、その物差しはさらに増えて3つになって、「3次元の空間」で仕事を考えられるようになった印象を持ちました。

どんなに優れた人でも、環境の制約は受けざるを得ません。

極端な例を出せば、モーツァルトは天才であっても、演歌を作曲することはできませんでした。演歌が存在する環境に生きていなかったのだから、当然です。

逆に、平凡な人間でも、環境を変えることで、できることが増えたり、新しい挑戦ができたりすることもある。

そのことを、特に転職が当たり前になった現在、知っておいてほしいと思うのです。

とはいえ、私は別に、転職をすすめているわけではありません。

転職に向いているかどうかは、人それぞれだし、状況次第です。

そもそも、これまで言ってきたように、私は今いる場所で、目の前の仕事をがんばることが何より大切だと思っています。

けれども、今いる場所で自分なりに力を尽くしていれば、見えてくるものがあります。

前章で言ったように、ゆっくりながらも成長している自分に気づく。

いつの間にか、できることが増えている。

そして、**「思えば遠くへ来たもんだ」**と感じることができたら、環境を変えることも考えてみてほしいと思います。

転職を検討してもいいし、今いる会社で新しい仕事に挑戦してみるのもいい。独立して起業するのもいい。自分なりの新しい環境を模索してみればいいのです。

1point advice

環境がガラリと変わると、視野が広がる

敵だと思っていた人が
突然、味方になって
くれたワケ

プラスの話に戻りましょう。

プラスで現場に入りつつ1年ほどして、ようやく物流の基本がわかってきたかな、と感じ始めた頃。

私はベテランの前任者に代わって、物流部門の部長を任されることになりました。

就任早々、私は物流の新システム開発・導入に着手します。

しかし、そこには**今考えても身の毛がよだつような、大失敗の日々が待っていました。**

開発した新システムが、何をやってもうまく動かなかったのです。

毎週木曜日の晩になると、物流センターのシステムを、現行のものから開発中の新システムに切り替えます。金曜日にテストで実際に動かして試してみるためです。

シミュレーションではなく、実際の取引で新システムを動かすので、何かあったときに土日でリカバリーのきく金曜日に行うわけです。

ところが、木曜日の夜に新システムに切り替えると、金曜日には毎回、不具合が出る。

「またおかしくなってるぞ！」

現場から悲鳴と怒声があがり、慌てて現行システムに戻す。土日は新システム実験のせいで出た不具合の収拾に追われる……。こんな日々が、3ヶ月ほど続きました。

現場のスタッフたちは当然、怒り心頭。新しい部長が新システムを導入しようとして、毎週末になると自分たちが振り回されるわけですから。

逆の立場なら、私だって怒るに決まっています。

私としては、とにかく謝るしかないので、毎週、センター中を頭を下げて回りました。やがてまた金曜日がやってきて、トラブルが起こる。また怒られながら駆けずり回る。その繰り返しで3ヶ月。

特に、物流センター長には毎週こっぴどく怒られました。しまいには「もう、厄介を起こすだけだからセンターに来てくれるな」と言われる有様でした。

この頃の話を人にすると、「そんな状況でよく心が折れなかったね」と言われます。

いや、そんな立派なものではないのです。正直に言うと、当時の私は、心が折れるほどしっかりしていなかった、というのが現実です。

とにかく未熟で、辞めることさえも思いつきませんでした。

「新システムなんて言い出すんじゃなかった。3ヶ月前に戻りたい」といつも思っていました。こんなこと始めなきゃよかった、と。

けれど、撤退するという決断もできません。さんざん迷惑をかけているので、辞表を書いて胸に持っているほどでした。が、辞めるという決心もつかない。

周囲からボコボコに叩かれながら、クラゲのように職場に浮遊している……。心が強かったわけではなく、浮遊しているクラゲはぐにゃぐにゃしていて折れることも倒れることもできなかった……というのが実情でした。

怒られながら、ただ、とにかくそこにいる。それしかできなかったのです。

しかし、そのことが、結果的に私を救ってくれました。

敵視されていたグループ会社の部長からの「奇跡のメール」

当時、その物流センターは、物流業務を担当するグループ会社が運営していました。

当初、この会社の人たちは、私を完全に敵視していました。

それはそうでしょう。ろくに相談もしないで新システムをつくってしまい、そのせいで毎週不具合を出していたのですから。

システムがうまく動かず、私が四方八方から叩かれていても、当然と思われていました。「このまま潰れればいい」とみんな思っていたはずです。

ところが、**ぶざまな失敗を繰り返し、怒られながらも逃げない私を見ているうちに、あるときから状況が変わっていった**そうです。

いつしか「伊藤をあのまま潰してしまっていいのか」という声が上がり始めた……と、これはその会社の人たちから後に聞かされました。

そんなある日、それまで敵対的だったそのグループ会社のとある部長が、こっそりと助力を申し出てくれました。

それは、会社のメールアドレスではなく、個人用のアドレスから来たメールでした。

そこには「新システムのデータをもらえないか」と書いてありました。システムをうまく動かせるかもしれない、ちょっと心当たりがある、と言うのです。

まさに救いの船。状況が一気に変わったのは、そこからです。

現場を知り尽くした、その部長の協力を得ながら実験を繰り返すことで、新システムの精度は飛躍的に向上しました。2ヶ月ほどで安定した運用が可能になり、狙っていたコスト削減の効果も次第にあがるようになりました。

まさに起死回生、一発逆転の出来事でした。

あきらめなければ、人は味方になってくれる

「なんだかんだ言って、伊藤さんは成功体験に恵まれているんじゃないか」「だから成長できたんじゃないか」と感じる人もいるでしょう。

前章で話したマンション案件にしても、プラスに転職してからの新システム開発にしても、結果的にはうまくいきました。たしかに、恵まれていたのかもしれません。

しかし、私の実感から言えば、**「最初はがむしゃらに行動して失敗しても、あきらめずにそれを振り返り、何度もチャレンジしているうちに、周囲の誰かが助けてくれた」**というのが正確な表現だと思います。

そもそも仕事は関わる人数が増えれば増えるほど、難しくなるもの。

だから、そんなときこそ行動してみて、うまくいかない状況になったとしても、そこでしっかりと振り返って、もう一度チャレンジすればいいのです。

これが、うまくいっていないにもかかわらず、「これは周囲がおかしい」「周りが全然合わせてくれない」という気持ちでいるだけだと、「あいつは独りよがりだ」「もうあいつはダメかもね」ということになって、誰にも相手にされなくなってしまうでしょう。


そうではなく、行動した上で、うまくいかなければ、そこで振り返ってみて、

「こう変えたらいいのか?」

「こうしたらどうだろう?」

と状況に合わせた「チューニング」をする。その上でまた行動にチャレンジする。

その努力を、必ず誰かが見ています。

その繰り返しに、必ず勘のいい誰かが気づきます。

だから、**「成功するまでやり切る」**という姿勢は、自らの仕事においてだけではなく、誰かの協力を得る上でも、大切な姿勢だと思うのです。

余談ですが、「成功するまでやり切る」といっても、この「成功」は、決して大きな成功である必要はありません。

ちょっと取引先から褒められた、「よくがんばった」と上司に認められた、というだけで十分な成功。あるいは、ドラマチックな成功劇に終わらなかったとしても、「ま、とにかく無事に終われたね」というのだって、成功と言っていいと思います。

つまり、その仕事を終えて、大きな事故や、そこで働き続けられなくなるような大失敗を起こしていなければ、それは成功と言っていい。その程度で成功と言うのがはばかられるなら、「一応はやり切った」でいいのです。

客観的に見て失敗に分類されるとしても、一応は無事にやり切れたことは、間違いなく自分の成長に役立つ経験になっているのですから。

1point advice

「やり切る力」があれば、反対者も味方にできる

なぜか周りに
助けられる人は
「誰にでもフラット」

仕事をやり切るためには、周囲の助けが欠かせません。

新システム開発のとき、最終的に私が助けてもらうことができたのは、**その場から逃げなかったから**という理由も大きかったと思っています。

毎週、システムトラブルを起こして迷惑をかけている。

いつも怒られて、謝って回っている。

それでも、物流部門の部長として、私はとにかくそこにいました。

一方で、考えてみてください。トラブルが起きたとき、リーダーがそこにいなければ、現場の人たちは誰に文句を言ったらいいかわかりません。

不満を抱えたまま、それでも仕事を回していかざるを得ない。そして、やり場のない怒りがみんなの中に蓄積されていく。

そんなストレスフルな状況は、経験のある人も多いと思います。

私は失敗続きの中でも、とりあえず現場にいました（他の選択肢を思いつかなかったというのが実際のところですが）。

だから、みんなが遠慮なく怒りまくれる対象でした。

いつも怒られ、いつも謝って回っているリーダーだったのです。

もちろん、怒られればこちらも傷つきます。

正直なところ、「今日も怒られるのか、嫌だなあ」と毎日思っていました。

しかし、そのときは謝るのが仕事だと思っていましたから、「本当にすみません」「ご迷惑をおかけしています」と頭を下げ続けました。

ぶざまな姿だったと思います。

けれども、**そんな姿を見せたからこそ、「伊藤をこのまま潰していいのか」と思ってもらえたのだと思います。**

フラットに接していると、周りが勝手に助けてくれる

大変な思いをした物流センターでの新システム開発でしたが、当初は敵対的だった物流を担当するグループ会社で、助け船を出してくれた部長以外の皆さんも、最終的には助け

の手を差し伸べてくれたことで、なんとか無事に成功にこぎつけることができました。

思い返せば、銀行時代のマンション案件も、私は多くの人に助けられて、なんとかやり切ることができました。

この話を聞いて、

「伊藤さんには、人から応援される力がありますね」

と言った人がいました。

「応援される力」があるのかどうか、自分ではよくわかりません。しかし、「こういう人は応援されないだろうな」というタイプはなんとなくわかります。

それは、**相手が誰かによって、態度を変える人。あるいは、相手がどういう状況にあるかによって態度を変える人**です。要するに、フラットでない人です。

私は誰に対してでもフラットに接したい、と思っています。

これは、私が特に大事にしている価値観です。

これまで話してきたように、かつての私はまったく仕事ができませんでした。仕事がうまくいかない時期もいくらでもありました。そういうダメなときには、やはり周囲からもボロクソに叩かれます。「お前は仕事ができない」とか「ダメなやつだ」とか。

ところが、ありがたいことに今は色々な仕事の機会に恵まれています。しばしば人に教えたり、人前で話したりもします。Ｙａｈｏｏ！アカデミアの学長や、グロービスの客員教授を務めながら、本も出版しました。

こんな状況になると、褒めてくれる人が増えてきます。「すごい」とか「仕事ができる」とか評価されることもあります。時には、街を歩いているときに「伊藤羊一さんですよね」なんて声をかけられたりすることもあります。

しかし、私としてはあまり気持ちがいいものではありません。「この周囲の変化は何なんだろう？」と思うのです。

「仕事ができないときの俺も、『仕事ができる』と言われるようになってからの俺も、俺は俺じゃないか。俺は変わってないのに」と、仕事ができるできないで人間性を評価されているように感じてしまうのです。

ですから、私自身は相手が誰かとか、現在仕事がうまくいっているかどうか、といったことで態度を変えたくない、と思っています。

「できている人」にも、「できていない人」にもフラットでいたい。そういう思いが強くあります。

その根底にあるのは、他者へのリスペクトです。

自分と違う経験を持っている人は、それだけでリスペクトに値します。

かつて全然仕事ができなかった自分。周りの人を「みんな俺よりすごいな」と見上げていた自分。そんな自分がいるからこそ、すべての人をリスペクトできるのです。

だから誰に対してもフラットに接するべきだと、常々考えているのです。

1point advice

肩書きに関係なく「フラット」に接する

「あいつはアホだ」と思われるくらい自己開示せよ

もう1つ、若い頃の私が周囲に助けてもらえた理由で思い当たることがあります。

それは、私が**「アホっぽかった」**から。

アホっぽくて、頼りなくて、放っておけない。

ある意味で愛嬌があった、という言い方もできるかもしれません。だから助けたくなる、という面はあったと思います。

愛嬌といっても、私の「アホっぽさ」は、持って生まれたチャーミングさ、という意味の愛嬌ではありません。人との接し方の問題だと思います。

愛嬌というのは、愛嬌のある自分を演じようとして醸し出されるものではありません。むしろ、ピンチのときこそ演じることをやめる。オープンな姿勢で、自分のダメなところ、愚かなところ、弱いところ、足りないところ……をさらけ出す。すると愛嬌が生まれると思っています。そういう姿を見て、人は「かわいいやつだ」「なんとかしてやりたい」と思ってくれるのではないかと思います。

人に応援されたければ、自分をさらけ出してオープンに人と接することを心がけてみてはどうでしょう。

他者はリスペクトしつつ、「徹底的にパクれ」

ついでに言うと、私には、人と競争しようという気持ちがありません。

なぜなら、競争して勝ち負けを決めるのが嫌いだから。

そのかわりに、他者へのリスペクトの気持ちなら負けません。

謙虚に、他者をリスペクトして、そこから徹底的に学ぶ。その学びの経験を積み上げていった先に身につくのが自信だと思っています。

もっとはっきり言えば、**「全部人からパクってやろう」**というくらいの姿勢でいます。

私はもともと、本からではなく人から学びたいと思っているタイプです。どうせ学ぶなら、人から学べるものは全部学びたい。

「向上心が強い」というのとはちょっと違うかもしれません。

「自分は全然できない」「周囲の人よりずっと遅れている」という劣等感があったために、

常にそういう姿勢で人と接してきた。

そうしているうちに、**「人をリスペクトしつつ、徹底的にパクる」**姿勢が習慣化してきたように思います。

とはいえ、コミュニケーションがぎこちないことで、苦労した部分もありました。

ですが、仕事でわからないことがあれば、先輩や上司に教えを乞うべき。顧客に対しても、何を求めているのか、何で困っているのかをストレートに聞くべき。自分にそう言い聞かせることで、他人に意見を求めるハードルも自ずと下がっていきました。

この姿勢は、前述のオープンさ、そこから生まれるある種の「愛嬌」にもつながると思います。

1point advice

オープンに接していれば、何も怖くない

異業種交流会や
名刺交換会
なんて意味がない

「人脈を大事にせよ」「信頼こそ人間関係の鍵だ」と言われることがあります。

いわゆる「人脈」については様々な考え方がありますが、私の結論はシンプルです。

人とフラットに接していると、人脈は勝手に広がっていく。こう考えています。

知り合いが増え、その中に共通の知人も増えていくと、そのネットワークは一種のコミュニティのようになっていきます。

たとえば、私はプラスで、スタートアップとの事業連携を進めていた時期があり、スタートアップの起業家たちとは、その頃からいまだにつながっている方が多いです。

先日、そうした方々との共通の友人がFacebookにどのくらいいるのかを調べてみました。すると、多くの方との間で、５００〜６００人の共通の友人がいたのです。

ピンポイントの付き合いも、広げていくと結果的に、コミュニティになっているという一例です。

もちろん、それだけの人たち全員とディープに付き合っているわけではありません。コミュニティといっても、ゆるいつながりです。

けれども、このコミュニティの中にいる人同士が話すときには、私のことが話題に出ることもあるでしょう。その場にいない人のことも含めて、情報がアップデートされていくわけです。

また、知り合いが「伊藤さん、ちょっと会ってみて」と紹介してくれる人は、友達の友達はみんな友達だと思えば、気やすく会うことができます。

すると、ますますネットワークは広がり、育っていきます。

このネットワークの中にはあらゆる分野のプロフェッショナルがいます。自分の知らないことを知っていて、教えてくれる人がいくらでもいます。

多様な人々と、ゆるくではあってもつながっている。こうしたネットワークがあることは大きな財産です。

コミュニティや人脈は、勝手に広がっていくもの

人とのつながりをつくる、あるいはネットワークをつくるというと、異業種交流会や名刺交換会といったイベントに参加してみようと思う人もいるかもしれません。

ただ個人的には、単なる**異業種交流会、名刺交換会にはあまり意味がない**と思います。

単に集まって顔を合わせましょう、名刺を交換しましょう……というだけのイベントに集まってくる人たちは、興味関心を共有しているわけでもなければ、共通の問題意識を持っているわけでもありません。

これだと、たとえたくさんの人と顔を合わせたとしても、その先の話はなかなか深まっていかないんじゃないかと思います。ただ単に名刺を集めただけで終わってしまいます。

一方、**おすすめなのは勉強会です。**

勉強会では何らかのテーマが設定されているので、そのテーマに興味関心がある人が集まります。つまり、問題意識をある程度共有している人たちと会うことができます。

「どうして参加したんですか？」「こういうことに困っていて」「実は自分もなんですよ」というとっかかりがあるので、話は自然に深くなり、距離も縮まりやすいでしょう。スムーズに親しくなっていく可能性があります。

他に、ビジネススクールなどに通うと、これもまた共通する興味や問題意識、目標を持つ人が集まるので、人間関係は広がります。私自身、40代になってからグロービス経営大学院で学んだことで、大きな人的ネットワークが生まれました。

さらに、人とつながるという意味では、**一緒に仕事をしてみるというのは、当然ですが、最高のとっかかりになります。**まさに同じ問題を共有する関係だからです。

ついつい、業務時間内に一緒に仕事をする関係と、業務時間外に勉強会その他で会う人との関係とは別のものと考えがちですが、そこは分ける必要などないのです。

仕事で出会った人が、仕事を離れても相談に乗ってくれるメンターになることもあります。反対に、仕事以外で出会った人と話しているうちに、「こんなことやってみない?」「それ、いいね」というようにビジネスが始まることもあります。

仕事で会う人、勉強会など仕事以外で会う人。

いずれにしても、**今、興味関心を共にする人との関係を大切にしていると、思いもよらない選択肢が増えていく**はずです。

信頼できるメンターの見つけ方

さらに私は、これまで多くの人に助けられただけでなく、キャリアの要所で「メンター（よき助言者、指導者）」と呼べる存在にも恵まれていました。

「メンターがほしいけれど、見つからない」

「どこでどうやってメンターに出会ったらいいのかわからない」

このような悩みを持つ若いビジネスパーソンが多いことを思うと、私は恵まれていたのでしょう。

ただ、信頼できるメンターに出会えるかどうかには、少なからずポイントがあると思っています。

それは、**仕事の関係にとどまらず、人と人との関係を大事にすること。**

会社に勤めていれば、社内はもちろん、取引先など社外の人ともたくさんの出会いがあります。その中には、メンターになってくれる可能性のある人もきっといるはずです。

そんな出会いを活かし、関係性を育てていくために重要なのが、仕事だけの関係でなく、人と人との関係を大事にする、という姿勢です。

たとえば、前章で述べたマンション会社A社の、「あなたしかいないんだ」と私を頼ってくれた経理部長とは、仕事の関係を終えた後も、結婚式の披露宴にも出席してもらうくらい、プライベートのお付き合いをさせていただきました。

同じく銀行時代に担当していたある信用金庫の副部長とは、担当をはずれても一緒に飲みに行くような関係になりました。私の転職後、その方がその信用金庫の理事長になっても、お付き合いは続いています。

私はそれが当たり前だと思っていましたが、どうやらそうでもないようです。

これも銀行時代からの付き合いの、某メーカーの経理部長いわく、「担当をはずれても付き合っているのは伊藤君だけだよ」とのこと。

前述の信金の理事長も、「もうあの頃の担当の人たちとは全然会っていない」と言います。そういう関係を持ち続ける人は、業界によってはとても少ないようです。

他にも、部署異動や転職を経ても関係が続いている人はたくさんいます。これまでコミユニケーションがぎこちなく、大変苦労してきた私ですが、ターニングポイントとなるような転機で出会った方々とは、幸いにも仕事の関係を超えた人間関係を築けています。

仕事で出会った人との付き合いでは、多くの人は仕事を優先してしまいがちです。つまり、担当を変われば、人間関係もそこで切れる。

しかし、私はそういう考え方をしませんでした。今思えばそれは単純に私が不器用で、戦略的に人間関係を構築するなんて考え方がなかったからかもしれません。

ですが結果的に、メンターとして信頼できる方を多く見つけることができました。

仕事を通じて知り合った人との関係は、たとえ担当を変わっても続ける。仕事上のポジションではなく、人と人との関係を大事にする。

そのような意識で、人間関係を育てていくことを心がけてみましょう。すると、メンター的な方が、どんどん増えていくはずです。

1point advice

信頼できる人脈は周囲の人から広がる

ポジションがなくても「圧倒的大仕事」を成し遂げる方法

若いビジネスパーソンから最近よく聞く悩みに、「ポジションがないから、大きな仕事ができない」というものがあります。しかるべきポジション、それに見合った権限がないから、やってみたい仕事があっても実際に動くことができない、と。

そもそもの前提として、ポジションがなければ、権限がなかったら大きな仕事はできないのかというと、そんなはずはないだろう、と私は思います。

ポジションがなければ、ポジションを持っている人を動かせばいいのです。

自分が権限や決裁権を持っていないなら、それを持っている課長とか部長を動かす。

そのために、まずは、自分ができることを１２０％やるのが大前提です。

たしかに課長とか部長とかいったポジションがあれば、権限をオフィシャルに与えられているわけですから、仕事はやりやすいでしょう。

だから、そういう力を借りればいいのです。やるべきことをやった上で、自分にできること以上のことをやるには、**「人的ネットワーク」**の力が役に立ちます。

ネットワークを通じていつでも人の力を借りられるということは、自分の力以上の仕事ができる可能性を広げてくれるのです。

第1章で述べたように、来たオファーは何でも引き受け、「わらしべ長者」的に様々な仕事をやり切り、スキルを蓄積していった私の経験は、結果的に、ネットワークの構築にもつながっていたようにも思います。

これは言ってみれば、**「わらしべネットワーク」**とも呼べるやり方かもしれません。

人脈が次々広がる「わらしべネットワーク」とは？

もっとも私も、最初から人脈をつくろうと思って動いていたわけではありません。

オファーを拒まず受けまくっていたら、いつの間にかネットワークができていて、その力に気づいた、というのが正直なところです。

実は、私がこのことを強く意識したある経験があります。

それは2012年、私がプラスで新しい事業を開発しようとしていたときのこと。

いざ事業をつくろうと思っても、どうしたらいいのかよくわからない。

自分の中にあるアイデアだけでは、具体的な動き方が見えてこない。

一通り悩んだ後、「わからなければ人に聞けばいい」と思った私は、ベンチャー企業を立ち上げた人たちの話を聞いてみようと思いました。

すると、ある友人がベンチャー企業をサポートする事業を自社で始めるというので、1週間後にオープンするというその会社のオフィスを訪問することにしました。

ところが行ってみると、これからオープンだというのに、まだ全然オフィスができていない。がらんどうの状態でした。「オフィス家具はどうするの？」と聞くと、「これから家具ショップに買いに行く」と。

たしかに、家具ショップに行けば安く素敵な什器類を揃えられるでしょう。しかし、買ったものを自分で組み立てると言うのです。それには相当な手間と時間がかかります。とても1週間後のオープンに間に合うとは思えません。

そこで、「家具ショップもいいけれど、うちの会社を使ってみたらどう？　同じくらい安くて、しかも組み立てはこっちでやりますよ」と提案してみました。

相手は私がいたプラスがそういうサービスをやっていることを知らなかったようで驚いていましたが、「そういうことならぜひ、お願いします」と頼まれました。

結果、オープンは無事に間に合い、その起業家の方には大変感謝されました。

その流れで、オープニングパーティーにも招いていただき、「今日は、無事オープンに間に合わせてくれた〝神〟を紹介します！」なんていう感じで、パーティーに集まった起業家やインキュベーターの方に紹介していただきました。

おかげで、この場を通じてたくさんの知り合いが増え、その人たちからまた「伊藤さんに会わせたい人がいるんです」と、ネットワークが広がっていきました。

紹介された中にいたインキュベーターの方から「スポンサーになってほしい」と頼まれて、それを引き受けたところ、次々と起業家の方を紹介してもらえるようにもなり、さらに別の仕事につながったこともありました。

どんな人にも信頼される2つのポイント

正直に言えば、当時は色々な人に会えるのがおもしろくて、誘われるままに出かけていっただけでした。ただ、今思い返してみると、私が「わらしベネットワーク」を広げていく中で心がけていたことが２つあります。

１つは、**相手に貢献すること。**

もう１つは、**目的を持って人に会うこと**です。

１つ目の相手に貢献するというのは、小さなことでもいいから、出会った相手が喜んでくれることをする、ということです。何か提供できることはきっとあるはずです。

自社のサービスで引っ越しの手伝いを提案したのもそうですし、プラスには文房具は豊富にありましたから、紹介された企業の人にプレゼントしたりもしました。ホワイトボードを提供することもありましたし、物流センター見学会をセットしたりもしました。

もちろん、直接に見返りを期待してやったわけではありません。

何らかのかたちで他者に貢献し続けていけば、そこで関係が深まっていき、いずれどこかでチャンスにつながるだろう――。

時間軸でいえば、超長期で何らかの役に立てばいいと思ってやったことです。

結局、「人と人とのつながりって何だろう？」と考えたとき、人の役に立つというのはとても大事なことです。自分ができることをやる、あるいは自分のプロダクトを提供して人の役に立つ。その結果、お金をもらえるのがビジネスですが、お金をもらえないときには人の役に立たなくていいかというと、そんなことはないですよね。

お金がもらえなくてもどんどん役に立てればいいじゃん、と思います。

そういう考え方を私が身につけたのは、銀行時代のことです。

いくらそれが仕事だからといって、取引先に「借り入れをしてください」「外為をやらせてください」と自社の商品ばかりを売り込んでも、相手は何も嬉しくありません。

それよりも、お金になるかならないかは気にせず、話を丁寧に聞いて相手の経営課題を知り、何かできることでお役に立つ。それを続けていると、いずれ商売のタネをいただける。そんなことを学びました。

２つ目に心がけていたのは、目的を持って人に会うということ。

短期的な見返りを期待しない、というのとは一見、相反することのようですが、長い目で見たときに目的意識は大事です。

私の場合は、プラスが持っているB２Bの流通チャネルを、ベンチャー企業のビジネスで使ってみてもらえないだろうか、コラボしておもしろいことができないだろうか、という目的意識はしっかりと持っていました。


このことを頭のすみに置きつつ、実際に人と会うときには、その先にどんな展開があるのかはわからないので、出会った人の役に立つこと、出会いを通して仲間が増えていくことを楽しむ。これまで知らなかった世界が開けていくことを楽しむ。

そんな姿勢でいると、自然とネットワークが広がっていくのではないかと思います。

1point advice

他者貢献と目的意識が「信頼されるコツ」

「聞きグセ」で仕事の成果は9割変わる

コミュニケーションについて言えば、**「人に聞くことの威力」**に気づいたのもこの頃でした。

当時私は、プラスで既存事業の営業指導や、マーケティング戦略の策定といった仕事をしながら、新しいプロジェクトにとりかかっていました。

プラスが別事業部にて行っていた小中学校向け用品のデリバリーサービスを、自分の属していたカンパニーで統合し、全面的にブラッシュアップするプロジェクトです。事業戦略からカタログづくり、物流や基幹システムの統合まで含めた大改革です。

このプロジェクトを実行するにあたり、まずは基本となる「１００日プラン」を立てることにしました。

このときに、**「まずは、お客様の声を徹底的に聞こう」**と考えました。

そこで、基本的な戦略を立てる前に、何十校も学校を回って、事務用品の購買を担当している方々に直接話を聞きまくりました。

現場で事実を集めたら、それを抽象化していく。「So what?」です。「つまり、どういうサービスが求められているのか？」を明確化していったのです。

現場で直接話を聞けば、全体像が見えてきて、それが戦略のベースになります。このベースに基づいて、営業戦略、カタログ掲載アイテムの構成などを練っていきました。

こうしてできあがった戦略ですから、説得力が違います。

プロジェクトについて経営陣にプレゼンした際には、「その戦略でいいのか?」といった突っ込みも当然あります。しかし、何を言われても、

「とはいえ、お客様に直接聞いた結果がこれですから」

と自信を持って言うことができたのです。

迷ったら「現場の声」を聞け!

プロジェクトの戦略を立てるにあたって、まずは徹底的にお客様の話を聞こうと思った理由は簡単。**「わからないから」**です。

そもそも私自身、学校の消耗品マーケットのことをほとんど知りませんでした。ちょっと見聞きした感触では、学校マーケットは企業のオフィス対象の世界とはずいぶん違いそうだ。でも、それ以上のことはわからない。何がわかっていないのかさえ、まだわからな

い――。

だから、「じゃあ、聞くしかないな」という発想です。

これは特別な発想ではありません。「現地・現物にあたれ」というのは、ビジネスの肝《きも》としてよく語られることです。

たしかに、現地・現物が教えてくれることはとても多いもの。

本来であれば、たとえ「自分はある程度知っている」と思っている分野であっても、自信を持って判断するためには、まずは現地・現物にあたって情報を集めるという姿勢で臨みましょう。仕事ができる人というのは、まずはそういう姿勢で動いています。

少なくとも**「知らないこと」「わからないこと」については徹底的に人に聞くこと**。これは、当たり前のことだと思うのですが、意外とできている人が少ないのが現実です。

私は、自分の頭がいいとは思っておらず、人にとにかく聞こう、と思っています。しかし、頭がいいと自認している人は、ついつい自分で考えて答えを出そうとしてしまうのかもしれません。

世の中には、たしかに頭のいい人、切れ者と言われるような人もたくさんいます。しかし、そうした頭の能力の違いは、あるとしても誤差、しょせんは同じ人間です。

それよりも大事なことは、役に立ちたい相手に対してどれだけ思いを馳せられるか。

もっと言えば、そのマーケットに対して、そして社会に対して、どうすれば役に立てるかを考えること。

そのために、謙虚な姿勢でコミュニケーションをとることが大切です。

お互いにギブ、ギブ、ギブ！

いい仕事をするためだけでなく、自分が成長していく上でも、他者とのコミュニケーションは欠かせません。前に書いたように、私は、決して人付き合い自体が大好きなわけではないし、常に人と接していないとダメというタイプでもありません。

しかし、**人とのコミュニケーションによって自分が成長できるし、たくさんコミュニケーションをとることで、世の中の幸せの総量が少しだけ増していく**と感じています。

自分が成長するためには他の人の力を借りないわけにはいきません。みんなで話すことによって、何か生まれてくるものがあるはずです。

要するに、これは「共同体の感覚」ということなのだと思います。

人と話すとき、私はプライベートの話題について話すのは、それほど得意ではありませんでした。社会人になった当初は、飲み会も逃げ回っていました。けれども、仕事の話だったら共通点があるから話せるな、と感じてからは、飲み会や勉強会のときに、人とじっくり話すことができるようになっていきました。

これも、「自分の成長のためには人とコミュニケーションをとることが必要」という意識があったからだと思います。もちろん、自分だけ成長できればいいというわけではありません。お互いに成長し合えるコミュニケーションが理想です。

そして、私は誰と話しても、誰の話を聞いても、素直に「すごいな」とリスペクトします。なぜなら、相手は自分にはない経験や知見を必ず持っているから。だからこそ反対に、自分が持っている経験や知見を相手にギブすることもできると感じています。

「すごい人幻想」はもう捨てよう

最近気になるのが、一部の若いビジネスパーソンに見られる「すごい人に会いたい」「有名な人とつながりたい」といった姿勢です。

もっと言うと、誰か「すごい人」と知り合いになれれば、自分を引っ張り上げてもらえるかも、と勝手に思っている人です。または、「すごい人」と知り合いというだけで、自分が「すごくなった」と勘違いする人。

たしかに、「すごい人」や有名人と知り合いになりたいという感情自体は、とてもよくわかります。ありがたいことに、私でさえ「伊藤さんと話してみたい」と思ってくれる人はいます。もちろん大歓迎です。名刺交換をしたいという人がいれば喜んでするし、お会いした方とは、SNSの友達申請にも応えます。

ただ、1つだけ気をつけたほうがいいなと思うことがあります。

それは、**「あの人はすごい」「自分より圧倒的に優れている」といった見方をするのはやめたほうがいい、**ということです。

「たしかにあなたはすごいけど、私は私なりの考えを持っている」
「あなたは成功していて、有名かもしれないが、私にも好きなこと、得意なことがある」
そういうフラットな姿勢で人と接することを忘れないでほしいのです。

なぜなら、そうでないと、コミュニケーションがお互いの成長につながらないからです。そして、相手を勝手に「すごい人」と思うことは、それ以外の人を「すごくない人」と無意識に思ってしまうことにもつながるからです。

「すごい人」と知り合いだということを鼻にかけても、自分の力はまったく変わりません。周囲からはすぐ見透かされます。

「すごい人」にコバンザメのようにくっついていけば、自分にとってはメリットがあるかもしれません。では、相手にとってのあなたの価値は何ですか？

私自身、評価してもらえること自体はありがたいのです。しかし、「圧倒的にすごい伊藤さんと、大したことのない自分」という関係をつくられるのは勘弁してほしいのです。また、何かを一方的に教えてあげるという関係にもなりたくありません。フラットではないからです。仮に私よりはるかに若い、経験が少ない人が相手であっても、私はフラットな関係で、意見交換をしたい。「私はこう考えるけど、では、あなたはどう考えますか？」と聞き、相手から学びたいのです。

ただ与えるだけでなく、お互いに経験や知見をギブし合うフラットな関係を結びたいと思っています。

いつでも誰に対しても「フラット」であれ

人とのコミュニケーションについて、繰り返しになりますが言っておきたいことは、**「常にフラットであれ」**ということです。

相手によって、相手の置かれている状況によって、態度を変えない。いつでも誰に対してでもリスペクトを持って接する。

仕事でも、仕事以外の場でも、どんどん人に会って、自分の世界を広げていくことはもちろん大切です。けれど、もっと大事なのは、出会った先です。目の前にいる人に敬意を持って、フラットに接すること。自分が役立てることはないか、相手に貢献できることはないか、相手から学べることはないかを謙虚に考え、行動することが大切なのです。

深い人間関係をつくれる相手の数は限られています。しかし、たとえゆるいつながりであっても、フラットに接している限りは、味方になってくれる人は増えていきます。

いつでも誰とでもフラットにコミュニケーションをとれる人は、いざというときにみんなに助けてもらえる。これが、20代、30代と苦しみながら、人に助けられてなんとか仕事をしてこられた私の実感です。

1point advice

色眼鏡を外して、フラットに付き合え！

第３章
まとめ

応援される力があなたのキャリアを決める

→ コミュニケーション能力の有無で人生は変わる。

人にはフラット＆オープンに接すべし

→ そうすれば転機で人は必ず助けてくれる。

人脈は広げるのではなく「広がるもの」

→ 勝手に大仕事が舞い込み、チャンスも広がる。

第4章

人生を変える「リーダーシップ」の話をしよう

リーダーシップの本質

「なぜリーダーシップを
発揮した経験が、
キャリアを開くのか？」

本章では、人生におけるリーダーシップの重要性について述べたいと思います。

もしかすると、「リーダーシップと自分のキャリアの間に、どんな関係があるの？」と思う人もいるかもしれません。


しかし、私自身の経験を振り返ると、これが関係大アリです。

リーダーシップとは、一言で言えば**「自分の信念に基づいた意思決定と行動のスタイル」**と私は定義しています。正解が何かわからない中で、それでも「これが目指すべき方向だ」と決めて、進んでいくこと。そこをはっきりさせた上で、チームを巻き込んでリードしていくのです。


私がこのことに気づいたのは、２０１１年の東日本大震災のときです。

そのとき、私は前例のない非常事態下で、「これが目指すべき方向」という道筋すら見えない中、様々な選択と決断を迫られました。

こうした状況で、普段は見えなかったものが見えてきました。

一言で言うと、仕事をする上での、自分なりの信念のようなものです。

と同時に、「『自分の人生を生きている人』は、こうやって信念に基づいて意思決定しながら生きているんだな。人生は、決めることの連続なんだ」ということに気づきました。

つまり、リーダーシップを発揮した経験を通じて、自分の人生を選択することの重要性を理解することができたわけです。


「自分自身の信念に気づくこと」

「信念に基づいた意思決定を行い、行動すること」


実はこれらは、**自分自身のキャリアを決める上で、とても大切な要素です。**

自分自身の信念に早く気づくことができれば、その後のキャリアもきっと大きく変わります。また、リーダーシップで求められる意思決定は、キャリアの選択の上でも重要なスキルです。

ちなみに、ここでいう「信念」は、「やりたいこと」とは似ているようで少し違います。

信念とは、もっと根本的で、決して譲れない「生き様」のようなものと考えます。

私自身は、リーダーシップを発揮した経験を通じて、自らの信念に気づき、結果、仕事のスタンスが大きく変わりました。

このことは、私のその後のキャリアに多大な影響を及ぼしました。

もし、リーダーシップを発揮する機会がなく、自分の信念に目覚めていなかったら、きっと私の人生は、今と大きく違うものになっていたでしょう。

本章では、そんなキャリアを大きく「目覚めさせる」リーダーシップの本質、およびその鍛え方について、お話ししたいと思います。

1point advice

リーダーシップとは、信念に基づく意思決定と行動のスタイル

「リーダー失格」と言われて気づいた一つの真実

プラスに転職して、苦労したシステム開発もなんとか成功させることができた後の私は、昔に比べてかなり充実感を持って仕事ができるようになっていました。

やればやるだけ結果が出るので、仕事がおもしろい。

だから、誰よりも働きました。

当時は職場近くのウィークリーマンションによく宿泊し、金曜の夜遅くまで仕事をして泊まり、土曜の早朝から会社に行って仕事をする、なんてこともよくしていました。

けれども、この充実した日々の中に、罠があったのです。

まずは、体調を崩したこと。

ストレスフルな毎日を過ごす中で、私は食べることで自分のストレスをごまかそうとしました。毎日めちゃくちゃに食べていたら、身長171センチながら、体重が90キロを超えてしまいました。

そして、なぜかやたらと喉が渇くようになり、一晩に何リットルも飲み物を飲むようになりました。さらに、なんとなく体が疲れやすいような気もする。

さすがにちょっとまずいのではないか、と人にも言われて、ある日、同僚に血糖値の検査キットを借りて、その場で血糖値を測定したのです。

測定した数値を見たときの、その同僚の凍りついたような表情は今でも覚えています。それくらい、私の血糖値はとんでもない数値になっていたのでした。医学の本によれば、「卒倒するレベル」とのことでした。

もちろん即、入院です。

がむしゃらに仕事をする中で、自分の体まで気にする余裕をなくしていたわけです。

気づかないうちに、メンバーからの信頼を失っていた

さらに健康状態以上にまずかったのが、チームメンバーとの関係でした。

金曜日の夜に飲みにも行かず、泊まり込んで仕事をするくらい、自分ではがんばっているつもりでした。

その努力の方向性が間違っていたことに気づかされたのは、あるとき、自分の360度評価のフィードバックを受けたときです。

恥を忍んで言いますが、そのときの私の評価は、**上司・同僚からは高かったけれども、**

チームメンバーたちからの評価はボロボロだったのです。

その頃の私は、自分なりにメンバーを大切に扱っていたつもりだったので、これにはとてもショックを受けました。

もちろん、メンバーを不当に扱ったり、理不尽に叱責したりしたつもりはありませんでした。少なくとも自分自身は、そう考えていました。

しかし、後から思い返すと、私は見えないプレッシャーを、毎日メンバーにかけてしまっていたように思います。

その頃の私は、「仕事は、結果を出すことが何より最優先である」という固定観念に縛られていました。実際、土日も、大晦日も出てくるような働き方をしていました。これだけでもメンバーから見れば相当なプレッシャーです。

なおかつ、「俺はこんなにがんばっているのに」「俺と同じくらいやってから物を言え」というような、無言のメッセージがにじみ出てしまっていたのかもしれません。

さらに言えば、コミュニケーション自体も不足していたと思います。

仕事に打ち込むあまり、仕事と関係のない、何気ない会話でメンバーとの関係をつくっていく努力が足りていませんでした。

この頃には、仕事のビジョンもある程度明確に描けるようになって、何を改善すべきかの問題意識も高くなっており、やるべきこともはっきりと見えていました。

だからこそ、逆に「結果を出そう」ということしか考えない、近視眼的な視野になってしまっていたわけです。

仕事がある程度できるようになったからこそ、それ以前の自分の気持ちを忘れてしまっていました。

その後、メンバー2人がメンタルの調子を崩してしまったこともありました。

あるメンバーが私の上司に「伊藤さんの下ではやっていけない」と直訴したこともありました。

要するに、**私は完全にリーダーとして行き詰まっていた**のです。リーダーシップという課題にもろにぶつかってしまったわけです。

そんな私が経験したのが、２００８年のリーマン・ショックであり、２０１１年の東日本大震災でした。

今から振り返れば、時代の状況が大きく変化する中で、私はリーダーシップを問われる事態に直面したのです。

そして、リーダーシップを少しずつ鍛えていった結果、メンバーの尻を叩いて結果を出させるのがリーダーシップではない、ということに気づくことができました。

もちろん、これまで同様、相変わらず失敗を繰り返しながら、ではありますが。

まずはその過程についてお話ししていきます。

1point advice

ハードワークを強いるのは、リーダーシップでも何でもない

東日本大震災の経験が
真のリーダーシップを
教えてくれた

では、改めてリーダーシップとは何か。

それを私がはじめて明確に意識したのは、２０１１年3月11日、東日本大震災が起きたときでした。

当時の私は、プラスの中でややラインをはずれていました。

２００８年にリーマン・ショックが起きたとき、ちょうど私は文具・事務用品全般の部長職でした。

世界的大不況のあおりを受けて、企業はどこも苦境に陥っていました。業績が悪化したらコストダウンをせざるを得ません。

プラスが扱っている文房具、事務用品は、コストカットをしても、その効果は本業でのコスト削減と比較すれば大きくありません。とはいえ、このときはさすがにそうも言っていられない状況だったのでしょう。多くの会社がここまで手を入れてきました。

職場の事務用品、文房具というのは、けっこう管理がゆるいので、みんなが勝手に持っていって半ば私物のようにデスクの引き出しに溜め込んでいる、ということがどこの職場でもよくあると思います。

ということは、いざとなったらそのストックを出せば、しばらくは新しい文房具など買わなくてもなんとかなります。

リーマン・ショックを受けて取引先が一斉にコストカットに走り、私が所属していた流通カンパニーの業績は下降トレンドに。マーケティングを担当していた私は、その責任を取るかたちで、ラインから外れることになりました。

形式としては、それまでの部長から副本部長になったので昇格です。でも、現実には本部長―部長というラインで業務は動いていくので、私は一種のお飾りのようなもの。そんなポジションで、細々と新サービスを立ち上げたりしていました。

そんなときに起きたのが、東日本大震災でした。

ずっと頭に残っていたダイエー中内㓛氏の言葉

実は、私は東日本大震災の前に、一度苦い経験をしています。

それは、プラスに転職してからの2004年10月に、新潟県中越地震が大きな被害を出したときのこと。

当時の私は物流の現場にいながら、その直後にこれといった行動を何も取ることができなかったのです。

恥ずかしながら、淡々と日常業務をこなしているだけでした。

要請があったら何か送る、という程度のことしかできなかったのです。

その後、時間が経つにつれて、大きな後悔に襲われるようになりました。

「物流の現場にいたら何かできたはずなのに、何もしないでよかったのか」と。

はっきり言って、自分がとても情けなかった。

このときに思い出したのは、ダイエーの創業者、中内切《いさお》さんのことでした。

1995年1月17日に起きた阪神・淡路大震災のとき、中内さんは「可能な限り早く日常に戻す」と言って震災当日から店舗を開け、甚大な被害の中で手を尽くして通常営業をしようと奔走していました。

当時まだ銀行に勤めていた私は、その姿をテレビで見ていました。

そして、中内さんの考えのベースにあるものが何か、ということはわからないながらも、そんな中内さんの姿勢は心の中に残り続けました。

だからこそ、新潟県中越地震のときの経験は、私の心に残っていたのでしょう。


この後悔から、それ以降は**何か緊急事態が起こるたびにとにかく動く努力をしました。**

雪や台風、地震といった天災、高速道路の土砂崩れ、システムトラブルなどなど、様々な事態に積極的に対応して、陣頭指揮をとるようになっていきました。

こうした経験を積む中で、非常事態が起きたとき、まず動かなければいけないのが物流部門なのだということもわかってきました。

トラブル対応を重ねていくうちに、対応力も当然上がって、いわば非常事態に対応する私の「体」も鍛えられてきました。


新潟県中越地震のときの後悔。

阪神・淡路大震災のときの中内さんの姿。

そして、現場でのトラブルに対応してきた日々。

東日本大震災が起きたときに、否が応でもこの３つが脳裏に浮かびました。

「本業を回すことが、世の中の役に立つことだ」

このときには、体が自動的に動きました。

私がまずやったことは、とりあえずオフィスにいる人たちを避難させること。

その後、商品の出荷などとても無理だということがわかってきたので、その時点でＷｅｂからの注文をストップしました。

特に深い考えがあったわけではなく、

「こういうときには、いち早く情報を出すことが大事だ」

と考えての行動でしたが、後から考えてみるとこれは正解でした。

商品が出荷されなければ、もちろんお客様は困りますが、出荷できないということが早い段階でわかれば、他の手段を考える余裕も生まれるからです。

こんな風にして、自分たちの職場の避難と安全確保に走り回りながらも、情報収集を続けつつ、私はひたすら考えていました。

今、どうしたらいいのだろう。

自分たちにできることは何だろう。

地震のあった3月11日は金曜日。土日中、情報収集とできる業務処理を行いながら考え続けた結果、週明けの月曜日に、私は考えをまとめてみんなに宣言しました。

「一刻も早く、通常の営業を復活させる。そのことに全力を集中させよう」と。

もちろん、宣言したからといって、簡単に動けるわけではありません。

とはいえ、自社で扱っている商品の中には、水もあれば携帯用コンロも電池もある。ゴム長靴や台車、ダンボールや消毒液もある。土のう用の袋やスコップだって売っている。震災からの復旧という緊急事態に必要なものを多く取り扱っていました。

こうした商品を必要な人のもとへ迅速・正確に届ける。この業務をいち早く復活させ、本業を回すことで、私たちはこの未曾有の混乱時に、もっとも力を発揮できる。そうすることが、被災地のために一番役に立つことである。そう考えたのです。

ここに至って、私は阪神・淡路大震災のときにダイエーの中内さんのやろうとしていたこと——**「本業を回すことが、世の中の役に立つことだ」**——その意味が、やっと身にしみてわかったのです。

「究極の２択」の判断を連日迫られ続けた

とにかく、一刻も早く通常の物流を復活させる。そう宣言したものの、未曾有の大震災の後ですから、ことはそう簡単ではありませんでした。

「そんなこと言ってる場合じゃない」「まずは自分たちの身の安全の確保からだ」といった意見もありました。非日常で、どうしたらいいか正解がない中、色々な意見がありました。それでも、自分で言い出したからには「本業を回せるように、復活させることが大事なんだ」と言い続けました。

リーダーが言い続けなければ、チームがぶれてしまいます。とにかく宣言して言い続けることがリーダーの役目だ、と私はこのとき考えていました。

もちろん、言うだけでなく動かなければ始まりません。実際に結果を出すために、動く。その過程には、様々な問題がある。そして、問題にぶつかるたびに決断を迫られるわけです。

たとえば、プラスのお客様は全国にいます。しかし、今この局面で、最優先でリソースを回すべきなのは、大きな被害を受けた東北です。たとえ関西や九州のお客様からクレームがあってもそれは（申し訳ないけれど）後回しにして、ひたすら東北の復旧にリソースを集中させよう。そういう苦しい判断をしなければいけなかったのです。

ご存知の通り、震災時には日本全国の物流がガタガタになりました。生活必需品である飲料水とか電池といったものも、これまでのように毎日順調に入荷されません。3日か4日に一度しか入荷しない状況では、とても全国からの注文をさばくことはできません。

では、たとえば3日ぶりにようやく入荷した飲料水を、どこに届けるのか。普通に考えたら注文順に納品するべきですが、それでは今、本当に水を必要としているところに届けることができません。

そこで、「他の地域のことは全部後回しにして、東北の需要に先に応えよう」と私は指示しました。乱暴なようですが、とにかく東北の復旧を最優先にしようという判断です。

もちろん、全国どの地域の顧客も、大切なお客様です。注文してもらっているのに、後回しにしろというのは心苦しい。私もさんざん迷った上での決断でした。

苦しいけれど、だからこそ、それを決めるのがリーダーの仕事なんだ――というのが、そのとき気づいたことです。

「意思決定」の本当の意味を知った日

何かをやろうとするときに、AとBの２つの選択肢があるとします。両方ともできる状況なら問題はありません。

また、多数決で決めよう、というなら簡単です。でも、それはリーダーの意思決定ではありません。決定を一人ひとりの意思に任せているわけですから。

あるいは、どちらかを選ばなければいけないとしても、AとBそれぞれのメリットとデメリットを挙げて比較すれば自ずと正しい選択肢がわかる場合は、正解が見えているのですから、これは意思決定でも何でもないな、と思います。

これはリーダーにしかできない仕事ではない。論理的思考力があれば誰でも「正しい」答えを出せるからです。

メリットやデメリットを整理しても、正解を導き出せない問題がある。AとBのどちらを選ぶのが正しいのか、絶対的な答えが出ないことがある。だいたい、世の中の問題には、「正解」などなかったりします。

そこで判断をするのが、リーダーの仕事です。これが意思決定です。

限られたリソースを、東北に最優先で回す。水だろうが電池だろうがコンロだろうが、まずは東北に最優先で送る。他の意見も当然ありましたが、それを押し切って東北を優先する、というのは、まさにリーダーとしての意思決定でした。

正解かどうかはわからない。賛否両論ある。しかし、決めなければ何も動かず、事態は悪化する。そんな状況の中で「決める」のがリーダーの仕事です。

こうした意思決定は、リーダーといえども常に降ってくるわけではないかもしれません。私もそれまでは、多くても1日に一度あるかないか、といったところでした。

しかし、震災後のこの時期は、こうした意思決定をひっきりなしに求められました。正解がない状況で、「伊藤さん、どうしますか」という問いを常に突きつけられるのです。実にしんどい経験でした。

正解のない中で決断するのがリーダーシップである

たとえば、輸送ルートが被害を受けて使えなくなっている。通常のルートが使えない以上、こっちの迂回路と、あっちの迂回路のどちらを使うのか。

甚大な被害を受けた宮城県のとある町には、今まで週1回のペースで物品を運んでいたが、ルートが復旧した後は、やはり週1のペースを復活させればいいのか。

いや、緊急事態だから毎日トラックを走らせようということになれば、どこからリソースを回せばいいのか。余分にかかる費用はどうするのか。

すでにクレームが各方面から来ている中で、どのクレームを優先するのか。限られたアイテムをどちらに優先的に納品するのか……などなど。

繰り返しになりますが、私はこの中ではじめて、
「正解がない中で、意思決定しなきゃいけない。それがリーダーの仕事なんだ」
と気づかされたのです。

極限の状況の中で、リーダーとして何をしなければならないか、否応なく学ばざるを得なくなったわけです。

正解がない問題に直面したとき、リーダーはまずゴールを提示し、ゴールに向けてのストーリーを決めて行動に移します。その過程では必ずコンフリクト、衝突や利害対立が起きますが、意思決定によってそのコンフリクトを乗り越えてゴールに向かう——それがリーダーの仕事なのです。

もちろん、自分の意思決定が間違っていたと後で判明したら、責任を取らなければなり

ません。場合によっては辞める必要があるかもしれません。
これがリーダーの仕事だというのが、震災後の事態に対応する中で、仕事をしながらわかってきたのです。

1point advice

意思決定こそがリーダーの仕事

信念に基づけば、どんな意思決定も後悔しないでは、こうした意思決定の決め手になるのは何か。

正解がない中で、どのように意思決定すればよいのか。

結論から言うと、自分が後悔しない決め方をする、すなわち**自分が正しいと信じていることに従って決める**しかありません。

つまり、これが**「自分の信念に基づいて決める」**ということです。


そうはいっても、私にそれほど大層な信念があったわけではありません。とにかく、「困っている人を助ける」ということが頭にあったくらいです。

そう思ったのは、新潟県中越地震のときに何もできなかった後悔が尾を引いていたからです。そして、阪神・淡路大震災のときの中内さんの姿を見ていたからでもあります。

単純で素朴な信念ではありましたが、自分の軸となる信念はやはり必要です。

信念がなければ意思決定はできません。悠長に議論をして、多数決をとって……というわけにはいかない非常事態であればなおさらです。

こうして次々と意思決定していく過程では、災害対応の経験を積んできたことも役立ちました。ある程度のことは、自動的に判断して進めていくことができました。中越地震以来、意識してたくさんのケースに対応してきたおかげです。おそらく、災害対応の経験がないリーダーに比べれば、決断も行動も早かったはずです。

ある程度しっかりと経験を積んだ上で、そこから導き出された信念に基づいて意思決定ができたのは、幸いでした。

当時、震災後の対応については、「自分の後ろには誰もいない」状況でした。つまり、現場仕事のかたまりであったため、私より上の人に判断を仰ぐことが難しく、自分が決断していくしかなかったのです。

大げさな言い方になりますが、

「自分が決めなければ、その分だけ復旧が遅れる。日本にとって損失になる」

と感じざるを得ませんでした。

その中で、**私は44歳にしてはじめて、「リーダーとはこういうものなんだ」という視点を持つことができたのです。**

大震災後の２週間は、正解のない中で、自分の信念に基づいた意思決定に次ぐ意思決定、行動に次ぐ行動で過ぎていきました。

自分の決断を応援してくれる人の大切さに気づく

実に大変な日々だったのはもちろんですが、その中では嬉しいこともありました。復旧作業でてんやわんやの最中、プラスのパートナー企業である関西の物流会社の社長から連絡がありました。「伊藤さん、米を送ったよ」と言うのです。

とにかく通常営業を復活させなくてはいけない、そのためにあれもこれも対処しなくてはいけない、問題はあっちにもこっちにも、次から次へと発生する……という状況の中でのことでした。正直なところ、私は被災地で働いている人たちの緊急の食料を調達することまでは頭がまわっていませんでした。

そんな私を見ていたかのように、「もう送ったから」とその社長は言うのです。

大いに感謝したのはもちろんですし、社長の判断の的確さに敬服しました。同時に、

「こういうとき、伊藤はこういう助けを必要としている」「伊藤ならこういうことをやりたがっているはずだ」と理解してもらえていることをとても嬉しく思いました。

社長とは、私が物流部門の責任者になったときから付き合いが続いていました。その会社は、プラスの、西日本エリアの物流を担当していただいていたパートナー企業でした。

通常であれば、物流の委託、受託という関係にとどまるのかもしれませんが、私はこの会社とたくさん、コミュニケーションを取りたいと思っていました。関西地方での物流においで、重要な役割を担ってくれていたからです。

社長は素晴らしい経営者でした。年齢から言えば大先輩に当たる方で、お話を伺うととても勉強になるし、人間的にも魅力的な方でした。そんなこんなで、滋賀にあるこの会社に月に1回くらいは訪問して、社長と食事をともにするような関係になりました。

大震災後のこの時期、まるで「以心伝心」のように社長から手を差し伸べてもらえたのは、日頃からこうした関係を築いていたからこそだと思います。

大変な事態の中で、改めてフラットなコミュニケーションと信頼関係づくりの大切さにも気づかされました。

平時はアフターユー、有事はフォローミー

問題に直面したとき、リーダーが決めれば、チームのメンバーは動きます。逆に決めなければ誰も動きません。だからこそ、リーダーは意思決定をしなければいけないのです。

とはいえ、リーダーが独断的に意思決定をしていけば、不満を感じる人も出てくるのは当然です。それを無視していいのか。合意形成を軽視してしまって、チームワークを保てるのか、という疑問は当然、あると思います。

それについては、

「平時と有事ではリーダーシップのあり方が違う」

ということだと思います。

非常時の対応は、時間との戦いです。そんなときに、合意形成をしようとしていたら、いつまでも決まらないし、行動することもできません。平時と有事では、明確にリーダーとしてのありようが違うのです。

一言で言うなら、**平時は「アフターユー」**。あなたについていくよ、という姿勢。これに対して、**有事は「フォローミー」**。自分についてこい、という姿勢です。

非常時でない、平和なときなら、リーダーはチームのメンバーをエンパワーメント（権限委譲）しつつ、みんなで話し合いながら、じっくりと合意を形成していけばいい、と思います。

しかし、非常時、有事はそれが許されないときです。何にも増してスピードが要求される場面です。だから、情報は可能な限り集めた上で、何が正しいか、何が間違っているかを瞬時に判断しつつ、リーダーは信念に基づいてどんどん決断していく必要があります。その上できちんとそれを説明しながら、動いていくのです。

こうした有事のリーダーの姿は、どんどん決断していく、ということで「かっこよく」見えるかもしれませんが、やっている本人とすれば身を切られるような痛みがあるのも事実です（実際、東日本大震災の復旧局面では、胃が痛くなるような思いでした）。

意思決定とは、選択肢の一方をとること。それは同時に、もう一方を捨てるということでもあるので、

「こんなこと言っちゃって、俺は大丈夫か？」

「あの判断は間違っていなかっただろうか？」

といった不安や後悔も当然、わいてきます。しかし、不安がったり悔やんだりしている暇もなく、また次の問題が立ち上がってきて意思決定を迫られるので、振り返っている余裕もありません。


正直なところ、非常にキツい。

だからこそ、有事にリーダーであるためには、判断の基準となる自分の信念を明確に持っていなければならないのです。

そうでなければ、とても自分を保てません。

1point advice

意思決定するためにこそ、信念を持て！

自らの信念に気づき、リーダーシップを鍛える方法

リーダーという仕事は大変です。

だからこそ、リーダーやマネジメントに携わる人は、言ってみれば高い給料をもらうのだと思います。

それまでに多くの経験をしてきたから、成果を出してきたから高いポジションについたということではありません。また、人間的に「偉い」わけでもありません。

リーダーというのは、「意思決定」という、他の人とは違う困難な仕事をやらなければいけない。そういう「機能」を果たすのが仕事です。

こう言うと当たり前のようですが、意外にこのことを意識しているリーダーは少ないように感じます。

「リーダーシップとは何なのか？」

「マネジメントとはどんなことなのか？」

これらの問いに答えを持っていない、そもそもそういう疑問を持っていない人がリーダーやマネジャーになるのはおかしいですよね。私は、大震災に直面したから、たまたまこのことを考える機会に恵まれました。

ただ、ここで勘違いしてはいけないことがあります。

「リーダーシップとは何か？」と考えるとき、ついついリーダーが備えるべき条件、すなわちリーダーに必要なスキルとは？　といった方向に考えが向かってしまいがちです。

しかし、**リーダーシップとはスキルではない**、と私は考えます。

リーダーに必要なのは、スキルではなく「マインド」だ

私はよく、研修で参加者に「理想のリーダー像」について聞きます。

「どんなリーダーがいいと思うか、どんなリーダーについていきたいと思うか、理想のリーダー像を一言で言ってみてください」と質問するのです。

興味深いことに、返ってくる答えには共通点があります。

「ブレない人」「覚悟を持っている人」「行動する人」「メンバーの気持ちをわかってくれる人」「はしごを外さない人」「おちゃめな人」……。

どれも、**リーダーのキャラクター、基本的な姿勢、人格に関わることばかり**。スキルがある人、といったことはほとんど出てこないのです。思考スキルとか、専門スキルとかいったことですね。

リーダーの資質をできるだけたくさん挙げてください、という質問をすれば、当然スキルに言及する人も出てくるとは思います。しかし、リーダーの条件を１つだけ挙げてくださ い、という聞き方をすると、スキルに関することはほとんど出てこない。

つまり、「こういうスキルのあるリーダーの下で働きたい」「こんなスキルのあるリーダーについていきたい」という人はあまりいないということだと思います。

リーダーにとって、思考スキルなどのスキルは、あったほうがいいものです。人を巻き込んでいく上で、スキルがない人の話は聞き入れられにくいとか、立派なことを言っても「絵空事なんじゃないの？」と疑問を持たれてしまったりということはあるでしょう。

とはいえ、これらの理想のリーダー像についての意見を聞く限り、リーダーにとってスキルは不可欠な要素ではないと私は考えます。

ところが、現実にはスキルに秀でていて、スキルに基づき結果を出す人がリーダーに抜擢されます。このズレが、リーダーシップの難しさにつながっているのでしょう。

スキルがあるからといって、メンバーはリーダーに安心してついていけるわけではありません。信頼に値するリーダーの一番の条件は、スキルではないからです。

リーダーシップを鍛える「サイクル」とは？

スキルではないとしたら、何が必要なのか。私は、リーダーシップで一番重要な要素は、「マインド」だと考えます。マインドとは、その人の情熱や想い、志のことです。スキルよりも、マインドがリーダーシップに影響を与えるのです。

では、どうやってそのマインドを鍛えればいいのでしょうか。

私は、**「アクション⇕マインドを行ったり来たりのサイクル」**を回していくことが重要だと考えます。具体的には、

図4-1　リーダーシップを鍛えるサイクル

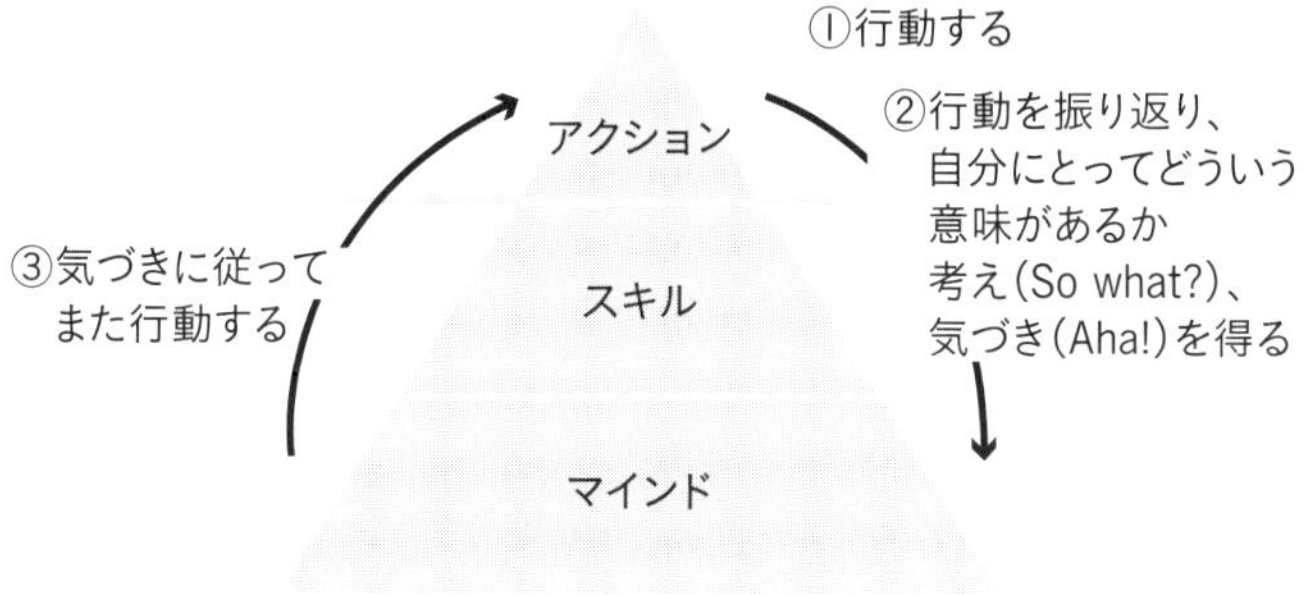

▶「行動→振り返り」のサイクルを繰り返す

①行動する
②行動を振り返り、自分にとってどういう意味があるか考え（So what?）、気づき（Aha!）を得る
③気づきに従ってまた行動する

というサイクルを回すことです。

行動するきっかけとなる出来事が起きると、このサイクルがスタートします。

これは、私にとっての震災のような出来事や、転職のようなことでも構いません。また、日常の仕事の中でちょっと褒められた、逆にちょっとしたミスをしてしまった、といったささいなことでも構いません。大きな出来事はドーンと大きく成長するきっかけになりやすいですし、ささいなきっかけでも積み重ねていけば大きな成長につながります。

何でもいいので、そのきっかけに従い、行動してみるのです。

①行動したら、②その行動を振り返って（内省）、自分にとってどういう意味があるかを考え（So what?）、気づきを得る（Aha!）。それによって、その気づきが自分のマインドにインストールされていきます。

そして、③その気づきに従ってまた行動する。この繰り返しで、私たちは成長していくのです。

このサイクルは、いわば水面上にあるアクション＝行動と、水面下にあるマインドとの間で回っています。

ここで大切なのは、**「サイクルを回す」**という点です。

アクションだけしまくるでもダメ、マインドだけ鍛えるでもダメ。

その両輪を回せ、ということです。

行動は大事です。どんどん行動しましょう。しかし、アクションさえあればいいわけではありません。アクションを起こし、それを振り返り気づきを得ることによって、水面下にあるマインドを鍛えなければ、リーダーシップに必要な軸はあやふやなままです。

このサイクルをぐるぐる回していくうちに、あるとき振り返ってみると、自分でも驚くほど成長している……ということになるはずです。

東日本大震災からの復旧局面における私は、まさにこのサイクルを高速で回すことで、リーダーシップが自ずと鍛えられていきました。

信念は、どんな人にも必ずある

このように、リーダーシップのベースになるのはマインドです。

現在、私がＹａｈｏｏ！アカデミアで行っているリーダーシップ開発プログラムも、マインドを鍛えることを中心に据えています。

Ｙａｈｏｏ！アカデミアでの実践については次章でも触れますが、ここでは、信念の大切さについて述べておきたいと思います。

アクション⇕マインドのサイクルを回すことが、リーダーとしての成長の基本であることはたしかですが、それだけでは十分ではありません。

自分の信念、よって立つ価値観、行動の指針——といったものを見定めるためには、やはり「サイクルを回す」だけではなく、「立ち止まって考える」瞬間も必要です。

「あなたの信念は？」と問われてもはっきり答えられない人は多いでしょう。

「そもそも自分には確固たる信念なんて、まだありません」という人も多いかもしれません。

もしそうだとしても、心配しなくて大丈夫。

誰にでも必ず信念はあります。あるけれども、意識できていないだけです。

なぜなら、信念というのは自分が人生を生きることによってできてくるものだから。ここまで生きてきた人生がある以上、信念もまた、必ずあるはずです。

では、どうしたら信念を認識することができるのでしょうか。

それは、信念が人生を送る中で生まれてきたものである以上、**自分の人生を振り返ることで見えてくる、**ということです。

自分の人生、ターニングポイントや、好調時、不調時を振り返って、人と対話しながら、「自分はどんなことを大切にしているのだろうか？」ということを考え続ける。すると、心の深いところに埋もれている信念が明確になってきます。

それでも疑問を持つ人はいるでしょう。「自分は振り返ってみて何かが見つかるような意味ある経験を積んできただろうか？」と。

「ターニングポイントというほどの経験はしてきていない」と思い込んでいる人もいるでしょう。

ですが、そこは振り返ってみれば大きな発見が必ずあるものです。考えれば考えるほど、無駄な経験や無意味な経験はなかったと気づかされるはずです。私自身がそうだったし、様々な場所でたくさんの人と接してきた経験からも、その点は間違いありません。

誰もが、人生の中で自分なりに喜んだり悲しんだり楽しんだりしてきている。それが信念をつくっている。忙しく日々を過ごしている中で、その経験からくる信念が見えなくなっているだけです。

もしかすると、「信念」と言うとピンとこないけれど、自分の中にある、ある意味で頑《かたく》なな考え、あるいは**「譲れない想い」**と言い換えれば、何かが見つかるという人もいるでしょう。「こだわり」と言ってもいいかもしれません。

私自身、ここ数年、ビジネスパーソンの教育に携わるようになって、人生を振り返る機会が増えたことで、自分の信念を明確に認識できたように思います。

だから、今から信念を認識する、としても、全然遅くはありません。

ちなみに、私の譲れない想い、信念は**「人は変われる」**ということ。この信念に基づいて、Ｙａｈｏｏ！アカデミアやグロービスなどで人が変わるためのきっかけづくりを仕事にしているわけです。

この章では、リーダーシップとは何かについて話してきました。

改めて言えば、リーダーシップの本質とは、意思決定をすること。そして、その意思決定は、信念に従う——と考えれば、リーダーシップとは、信念に基づいた意思決定と行動のスタイル、ということになります。人との関係は、その後に出てくる話です。

だからこそ、リーダーシップを育てるためには、自分自身と改めて向き合い、信念や価値観を含めた自分の本来のあり方を知る必要があるのです。

次章では、私の現在の仕事の１つであるリーダーシップ開発の内容に沿って、その点について述べていきたいと思います。

1point advice

自らの信念に基づくリーダーシップがキャリアを切り開く

第４章
まとめ

リーダーシップとは「信念に基づく意思決定と行動」

→「信念」に気づくと、
キャリアも大きく変わる。

リーダーシップは鍛えることができる

→ アクションとマインドの
サイクルをひたすら回せ。

信念のない人など1人もいない

→ あなたにしか発揮できない
リーダーシップがあるはずだ。

第5章

自分の人生を生きるための「たった1つの方法」

「志」の育て方

「40歳を過ぎてからYahoo!アカデミアを始めたワケ」

最後の章となる本章のテーマは、**「志に基づくキャリアの見つけ方」**です。

第４章では、「リーダーシップとは、信念に基づく意思決定と行動のスタイルだ」という話をしました。ですが、それがどうキャリアと関わるのか、といった点については、まだあまり触れていません。

そういうわけで、この章では**「自らの信念に基づいて働くとはどういうことか」**について、お話ししたいと思います。

ここまで私の人生を色々と振り返ってきましたが、私は30年くらい働く中で、最初の10年より次の10年、それよりさらに直近の10年で、どんどん、キャリアに影響を与えるようなイベントが増えていき、第1章でお話しした「わらしべ長者」のようなキャリアを辿ってきました。

その中で、ようやく私も「志ってこういうことなのかな」と思えるようなものも少しずつ見えてきました。と同時に、信念や志を持つことで、これほどまでに自分の人生は変わるのかと驚きました。

本章では、志や信念に影響を与えていった私の経験を述べていきたいと思います。

ヤフー、ソフトバンクアカデミアとの出会い

私がプラスからヤフーへ転職したのは、2015年のこと。

東日本大震災のあった2011年以降、私はプラスで新規事業立ち上げや、カンパニーの経営に携わっていました。

大きな被害を受けた東北地方でも復旧・復興が進み、業績も順調に伸びていきました。2012年にカンパニーのヴァイスプレジデントになった私は「プラスの事業を通じて世の中に貢献していくことが自分の仕事だ」と考えていました。

それが、ヤフーに転職することになったのは、ヤフー前社長、宮坂学氏の**「ヤフーでリーダー開発をやってくれないか」**という誘いがあったからです。

私はプラスに転職して間もない時期から、グロービス経営大学院に通っていました。ちょうど、銀行からメーカーへと仕事の場を移し、未経験の物流を扱って苦労していた頃。前に話した通り、そこでやっていることは意味不明で、理解するのに時間がかかる。

「自分は理解するのに、なんでこんなに時間がかかるんだろう」と悩んでいました。

そんな悩みを抱えていたとき、この話を聞いたある友人が「伊藤さん、それならグロービスですよ」「考える訓練をしたらいいんじゃないですか」とすすめてくれたのです。

よし、じゃあ論理的思考力を養ったり、マーケティングなどのスキルを一から勉強してみようじゃないか――というので、仕事をしながらグロービスで学び始めたのです。


そして、卒業後は、ある意味自分が学んできた場所への「恩返し」のような想いもあり、グロービスの教員を務めるようにもなりました。プラスで経営に携わるようになったこともあり、リーダーシップ開発のプログラムを担当するようになったのです。

これがリーダーシップ開発に関わることになった最初のきっかけです。


一方で、それまでの数年の間に、ヤフーやソフトバンクとの縁もつながっていました。

もともと、私にとってヤフーは憧れの企業です。1996年4月、Yahoo! JAPANがオープンしたその日にアクセスした記憶は今でも鮮明です。

今でこそインターネットサービスを提供する会社はたくさんありますが、私にとって、インターネットといえばヤフーのことであり、常に最初に想起する会社でした。

また、2011年からは、ソフトバンクグループを担う後継者の発掘、育成を目指すソフトバンクアカデミアに入って、孫正義校長の前でプレゼンをする機会にも恵まれました。

ソフトバンクアカデミアでは、経営やリーダーシップに関する様々なテーマが与えられます。参加者はプレゼンの質を競い合い、予選を勝ち上がっていくと、孫正義校長に直接プレゼンをすることができるのです。

ありがたいことに、私は何度か孫さんの前でプレゼンをすることができ、さらには年間成績で1位という評価もいただくことができました。

このとき、受賞者としてのスピーチで、

「私もいつかは、ソフトバンクグループで、孫さんの元で働きますが……」

と軽い気持ちで言ったら、孫さんが思いのほか喜んでくれたように見えました。

私としては、「あ、言っちゃった」という感じです。

それでも、孫さんの反応を見て、いつかソフトバンクグループにジョインするんだろうな……という思いが芽生えました。

「Yahoo!アカデミアで教えてよ！」と言ってくれた宮坂社長

私が宮坂学氏と知り合ったのは、ちょうどこの時期、つまりソフトバンクアカデミアに参加していた頃でした。

私がしたEコマースについてのプレゼンテーションを聞いた方が、当時Yahoo!ショッピングの責任者だった宮坂氏に「会ってみてほしい」と紹介してくれたのです。

間もなく、ちょうどヤフーの経営陣が交代し、宮坂氏が社長となりました。ヤフーはスマホ化への大構造改革を進めていた時期でもあり、私はその様子を、間近で見ていたわけです。

ヤフーという日本を代表するインターネット企業で、目の前の仲間たちが今まさに革命を起こしている。それを見ながら、「自分は対岸の火事のように見ているだけでいいのか？」「自分が貢献できることがあるとしたら何だろう？」といった思いが、少しずつ募っていきました。

そんな中で、２０１４年の夏、宮坂氏と人事の責任者だった本間浩輔氏から「羊一さん、Ｙａｈｏｏ！アカデミアというのをつくったから、そこの責任者をやってくれないか」と誘われました。

そのとき、私はプラスに所属し、カンパニーのヴァイスプレジデントとして、事業全体を統括しており、おいそれと引き受けるわけにはいかず、最初は断っていました。

しかし、彼らの話を聞いて、こういう同世代の仲間たちの企てに参加するのは純粋に楽しそうだな、と思い、まったく新しいチャレンジも楽しいかも、と思うようになりました。

Ｙａｈｏｏ！アカデミアは、リーダーシップ開発を目的とした企業内大学です。リーダーを育成する組織で社内大学の仕組みやプログラムを企画することなど、今まで考えたこともありませんでした。ただ、日本を代表するインターネット企業の１つであるヤフーで、多くの役員候補、次世代リーダー候補に触れ、そのリーダーシップを育成するきっかけをつくれるなんて経験は、すごく貴重だなと思いました。

私自身は、グロービスで教鞭を取り始めたとはいえ、そもそも教育の世界では素人です。本業としてやっていくことに不安はあったものの、最後は、新しいチャレンジをすることを取りました。

これは、「人は変われる」という信念を明確に意識しての行動ではありませんでした。

ある意味気軽に、「じゃあ行ってみよう」という気持ちでした。

しかし、**今振り返ると、この決断は自分の人生をガラリと変える選択でした。**

1point advice

様々な経験が積み重なると、新しい道が生まれることがある

「自分の軸」があれば、どんな人とも渡り合える

ソフトバンクアカデミアに入ってからは、孫さんの姿を生で拝見し、話を伺い、それにとどまらず何回もご本人の前でプレゼンをさせてもらう機会を得ました。そのプレゼンからの流れで、ヤフーの社長だった宮坂氏とも知り合うこととなり、色々な話をするようになりました。

自分がこれまで会うことがなかった、テレビやメディアに出ている「有名人」経営者たちと、いきなり知り合い、話すようになったのです。「うわ、本物がいる」という感じで、最初は勝手にビビっていました。

とはいえ、**目の前にいれば、当然ながら1人の人間です。**

そのような方たちと直接会って話すことは、自分にとって大きな経験となりました。「社会に貢献する人、世の中の役に立つ人たちっていう意味ではみんな同じだ。メディアに出てくる『有名人』経営者であっても、そんなに遠い世界の人じゃないんだな」と、はじめて感じたのです。

こうした出会いを通じて、**「すごい人」「偉い人」と評価され、みんなに仰ぎ見られるような人でも、普通の人なんだ**という感覚を、持てるようになりました。

20代の自分はメンタル不調などで自信を持つどころではありませんでした。30代はひたすら会社のために一生懸命仕事をしていました。

そういうわけで、自分が特別すごいことをやっているという意識はありませんでした。

それが、40歳を超えて、震災をきっかけにリーダーシップに目覚めました。

ちょうどその頃、ずっと学んでいたグロービス経営大学院で成績優秀者に選ばれ、卒業式で代表謝辞を読む機会をいただき、また、ソフトバンクアカデミアに入って、孫さんの前でプレゼンをする機会を得て、少しずつ違う環境も経験しました。

こうした経験が重なるうちに「すごい人」と会う機会が増えていき、少しずつ私の意識は変わっていきました。

「すごい人」も、決して特別ではない。

もっと言えば、「すごい人」なんていない。というより、「すごい人もみんなと同じなんだ」「ある意味、みんなすごい人なんだ」という意識が芽生えました。だったら、自分は自分でいいじゃないか——と、思えるようになったのです。

40歳を過ぎてようやく「自分に自信が持てた」

40歳を過ぎてこういう経験をした私が、皆さんに伝えたいことは1つです。

相手が「すごい人」だからといって遠慮することはない。

自分の場合は、20代、30代にはそういう機会があまりなく、40代になってから、急に機会が増えました。

だから最初は必要以上にビビったのですが、結果的には、「あれ？　どんな人が相手でも、別に遠慮したり、怯えたりすることはなかったんじゃないか？」と気づいたのです。

そして最近、立て続けに、スポーツ界のレジェンドの方々とお会いする機会がありました。まずサッカーの三浦知良選手にお会いし、翌月に、元プロ陸上選手の為末大さん、そしてそのまた翌月には、阪神の金本知憲《ともあき》前監督とお会いし、対談しました。これは孫さんに会ったときより正直、ビビりました。


でもお会いして、改めて、皆さん1人の人間なのだなぁ、ということを実感しました。

カズさんは、私と同い年ですが、少年のようにサッカーを愛している方でした。

為末さんは、若い頃ドキドキしながらも、世界に踏み出していったそうです。

金本さんは、骨折した翌日、痛くて、打球が来たらいやだなぁ、とビビりながら守備をしていたそうです（骨折したこと自体、気づいていなかったそうですが）。


そういう、少年のようであったり、ドキドキしたり、ビビったりするところは、皆同じなのです。有名であろうと無名であろうと関係ないのです。

社会に大きな影響を与える仕事をしていようと、自分の会社の中で粛々と仕事をしていようと、そこに優劣はありません。

「すごい人」だと評価されている人も、「普通の人」だと自認している人も、決して別次元で生きているわけではないのです。

人に語れる「自分の言葉」を持っているか？

それより重要なのは、**その人が話すこと、語る言葉を持っているかどうか**です。

語る言葉さえ持っていれば、自分がどんな立場であろうと、相手がどんな立場だろうと、話は聞いてもらえます。

どんな立場にいようと、「自分はこういうことをやっている」「自分はこんなことをしていきたい」という言葉があるかないか。それが重要です。

私の場合でいうと、この時期は震災後の経験を通じて「リーダーとは何か」について、自分なりに確信を持てるようになった時期でした。

その上で、今働いているプラスの中でどんな改革を行っていけばいいか、その結果、世の中にどんな価値を提供していきたいのか、社会をどう変えていきたいのか、といったことについても、自分なりに語る言葉を持つようになっていきました。

この「自分なりの考え、言葉を持っている」ということが何より大事です。

よくある勘違いは、たとえば「いわゆる『すごい人』とは、自分も『すごい人』にならないと対等に話せない」といった考え方です。

「ただの凡人」である自分が、有名な経営者やリーダーと話すのはどうにも気後れがする、という声を聞くことがあります。

その気持ちはわかります。でも、やはりそれは勘違い、誤解です。

別に彼らが「凡人」より偉いわけではないし、経営に携わっている人のほうが、誰かのチームで働いている人よりも偉いというわけでもありません。

ビジネスパーソンが語ることの価値はどこで決まるのか。

それは、**「自分の仕事を通じて世の中にバリューを提供していくということを、『我が事』として捉えているかどうか」**。この1点にかかっていると私は考えます。

本当の問題は、あくまで一般論ですが、会社勤めをしている人の中には、「我が事」として世の中を良くしていきたいと考えている人が少ないように思います。そこで差ができてしまうことはたしかにあるかもしれません。この「我が事」意識の差が、気後れにつながってしまうのでしょう。

逆に言うと、たとえ会社勤めであっても、キャリアがまだ浅い若いビジネスパーソンであっても、「世の中にバリューを提供したい」という当事者意識さえあればいいのです。相手が有名な起業家だろうと、辣腕の経営者だろうと、気後れする必要はありません。「仕事を通じて、社会を良くしていきたいと思っているのは自分も同じ。一緒にがんばりましょう」という意識で、対等に話せばいいのです。

1point advice

「語る言葉」を常に持っていれば、気後れしない

自分の経験から
未来を語ることが
結局、最強。

仕事を通じて世の中を良くしていくことを、「我が事」として捉えられるかどうか。

その上で、相手が誰であっても、語り合える言葉を持つことができるかどうか。

これを決める大きな鍵となるのが、**「信念」**の有無です。

そして、この信念は、その人がそれまでの人生で培ってきた**「経験」**によって、大きく変わります。


私がプラスに入って間もなく新システムを導入して、大変な思いをした話を第３章でしましたが、今振り返っても、このときの自分の仕事は稚拙だったと反省しています。

とはいえ、思い返すと、このときの自分にはそれなりに揺るぎない想いがありました。

「今、自分がやろうとしているシステムの刷新は、理想の物流のあり方に近いはずだ」

「この物流システムの改善を通じて、世の中に広く貢献したい」

どれもまったく根拠のない思い込みです。しかし、本気でこう考えていました。

それはプラスで他の事業をしていく上でも同じでした。

私はオフィス用品の流通を通して、時代に合わなくなった古い慣習を全部取っ払って、みんなが自由に生き生きと働けるような環境をつくりたいと本気で思っていました。

ＩＴの要素を交えながら、既存のチャネルの中で、新しいサービスビジネスを展開していくこと。これが、私の理想とする未来予想図の中には不可欠の要素としてありました。

だから、プラスで立ち上げた新しい試みは、すべてそのためのチャレンジだったのだと、今振り返ってもそう思っています。

自らの思いを素直に語ればいい

自分の仕事を通じて、世の中をいい方向に変えていくなんて、何かとても「大それたこと」のようですが、私はそうは思いませんでした。自分の仕事を通じて社会に貢献するんだ、という思いを常に抱えながら働いていました。しかし、世間一般には、そうしたことを口に出して言っている人は、そんなに多くはないかもしれません。

仕事は一生懸命にやっているし、自分の持ち場で努力もしている。もちろん向上心もある。決して意識が低かったり、怠惰だったりするわけではない。

でも、社会への貢献とか、世の中を変えるとかいった「大それたこと」は、もっと「上の人たち」が考えることだ……そんな風に思ってしまっている人が多いのでしょうか。

そんな姿勢ではダメだ、と言うつもりはありません。働き方は色々です。

ただ、**私はそれではもったいないんじゃないか、とも思うのです。**

たしかに、現場をまったく知らずに語っている夢や理想は単なる絵空事でしょう。

しかし、現場で一生懸命にがんばっている人は、日々起きる色々なことを見聞きし、お客様からどんな声が上がっているのかを誰よりも知っているはずです。

一緒に働いている人たちの考えや問題提起にも触れているし、地に足が着いています。

だから、自然とやりたいこと、あるいはやるべきことが見えてきているはずなのです。

現場を経験した上で考えた理想、地に足が着いた経験から生まれた想いは、決して絵空事ではないでしょう。それは語る価値のある、聞くべき価値のあるものです。

だから私は、**リアルな経験に基づいて、どんどん未来を語るべきだ**と考えています。

プレゼンは技術ではない。「生き様」で決まる

唐突なようですが、プレゼンに説得力を持たせるコツもこれと似ています。

私がよく言っているのは、「プレゼンは技術ではない」ということ。

技術ではないとしたら何なのかと言えば、**「プレゼンは生き様で決まる」**のです。


プレゼンをするとき、自分の経験に基づいて語ったほうが間違いなくうまくいきます。

経験に基づいて語ると、プレゼンターも自信を持って語ることができるし、説得力が間違いなく強くなります。

自分の経験とは、自分にとっては確実に真実ですから、「間違ったらどうしよう」「突っ込まれたらどう対応しよう」などと心配する必要もありません。

私が自信を持ってプレゼンができるようになったのは、プレゼン技術が向上したからというよりも、「全部、自分の経験に基づいて語る」というやり方を徹底したからです。

また、自分のプレゼンに対して反対意見があったとしても、「それはそれ」と割り切ることもたやすい。人に何を言われようと、自分にとってはこれが真実だからです。

人それぞれ、見てきたものが違うから、反対意見が出るのは当たり前。

意見が違うなら議論しましょう——という柔軟性もここから生まれてきます。

自分の経験に基づいて未来を語れ、というのは、プレゼンの本質でもあります。

一方で、何かを語ろうとするとき、つい頭の中のロジックだけで考えてしまう人がいます。しかし、**ロジック「だけ」で考えたことは、プレゼンにおいて、説得力がないものになりがち**です。

それは自分で見たこと、聞いたことなのか。本気で信じていることなのか。心の底から「これしかない」と言えることなのか。こうした軸、土台のあるなしは、受け手側にすぐ伝わってしまうのです。

自分の語ることに説得力を持たせたかったら、頭の中でロジックを考えるよりも、経験を集めること。たとえば、その問題に関わっている人100人に話を聞くほうがいい。

そのほうがはるかに説得力が出るし、自信も持てるようになります。

第3章でお話ししましたが、私がプラスで小中学校向けオフィス用品のデリバリーサービスをリニューアルしたときが、まさにこのやり方でした。

何十校も学校を回って、オフィス用品購買の担当者の方に話を聞きまくって、それをベースに、戦略からカタログ構成から営業体制まで、すべてを立案しました。だから、後に経営陣にプレゼンをする際にも、自信を持って「これでいくのがベストです」という提案ができたのです。

そして、これも第1章で述べましたが、**たくさんの経験を蓄積したら、それをメッセージにすることで説得力が生まれます。**

集めた事実を前にして「So what?」と問うことで、個別の事実、自分にとっての真実が、多くの人にも通じる汎用性のあるメッセージになります。

ただ単に頭の中で考えをこね回すのではなく、多くの経験をして、それを「So what?」で抽象化していく。この過程は、言ってみれば体全体で考え抜くという姿勢です。ある意味で、とてもしんどいプロセスです。

だからこそ、そのプロセスをやり切るには、大きなビジョンが必要です。

「結局、この仕事を通して、自分は何をやりたいんだ？」という軸を持っている必要がある、ということです。

自分が仕事を通じて何をしたいのかを知って、そこから逃げずに仕事を続けていけば、自然とよりよい道を模索し、考え続けることができるはずです。

だからこそ、改めて言いますが、**「我が事」として世の中を良くしていきたいという想いを持っていないともったいない。**そういうことは上の人、偉い人が考えることだと思ってしまっていては、せっかくの自分の経験を十分に活かすことができません。

経験は、未来を語る力強い言葉を生み出すチャンスなのです。

1point advice

「自分ごと」で語れば、人は動いてくれる

未来に悩む前に「過去の自分」を振り返ってみよ

キャリアを築く上で大事なことは、自分の中にある信念や、譲れない想いは何かを知る、ということです。

私も最初は仕事力はボロボロでしたし、失敗したことも迷ったことも苦しんだこともいっぱいありました。「人生をかけてこれをやり遂げる！」という唯一無二の何かがあったわけでもありません。

でも、**何かたしかな軸を自分の中に見出せば、大丈夫。**

そしてそれは、**目の前のことを一生懸命やっていれば必ず見えてくる。**

それが私の一番言いたいことなのかもしれません。

これまで本書で語ってきたことを、一言で表すとすれば、「**Lead the self＝自分自身を導くこと**」。

私が尊敬する野田智義氏が、『リーダーシップの旅』（金井壽宏氏との共著、光文社新書）の中でおっしゃっている言葉です。

自分を知り、自分を目覚めさせて解放させ、自分をリードしよう——これに尽きます。

そして、自分をリードしたその先に、他人をリードするリーダーシップがついてくるのです。

考えてみてください。「自分は全然やる気がないけど、上がやれって言うからやるんだよ」なんていうリーダーがいたら、誰もついていこうとは思わないですよね。

「Lead the self」は、現在私がＹａｈｏｏ！アカデミアで行っているリーダー育成プログラムの根本にある考え方でもあります。

過去の経験を通じて、自分の譲れない想いを知る

20代後半から30代前半を中心として、「自分はこのままでいいのだろうか？」と悩んでいるビジネスパーソンは多いと思います。

今の仕事にやりがいが感じられないけれど、続けていっていいのだろうか。

なかなか仕事の成果が出ない。どうすればいいだろうか。

一応うまくいっているけれど、この状況に安穏としているのは正しいのか……。

そんなモヤモヤした危機感とも不安ともつかないものを抱きながら、しかしどうしたらいいのかわからない。

そういう「モヤモヤしている人」を対象に、「Lead the self」、自分をリードするきっかけを提供していきたいと考え、私は活動しています。


では、自分をリードするというのはどういうことか。

まず大切なのは、**「自分の譲れない想い（信念）」とは何かを知る、ということ**です。

そして、自分の譲れない想いは、過去の人生の経験によって生まれている。

ということは、過去の人生を振り返ることによって、「なぜ自分はそういう想いを持っているんだっけ？」という理由をより深く知ることができます。

だから私は、**自分の過去を振り返り、現在の譲れない想いを知ること**を、「Lead the self」の最初のステップとしています。


私の場合でいうと、メンタル不調で苦しんでいた20代から今に至るまで、ビジネスパーソンとして別人かと思うほどに変わった、という経験をしています。

そのビフォー・アフターは、相当すごい落差があるのではないかと思います。

だから私には、譲れない想い＝信念として「人は変われる」という想いがある。「俺だって変われたんだから、大丈夫」「あなたも変われる。人は皆変われるはずだ」という信念があるわけです。

これまで歩んできた人生は人それぞれですから、持っている信念も人それぞれです。「正しさ」や「フェアネス」が大事だという人もいるでしょう。「誠意」が大事だという人もいるでしょう。

持っている信念は人それぞれですが、その自分が大事にする信念に従って仕事をすることができれば幸福だし、120％の力を発揮することができるはずです。

だから、自分の信念に基づいた仕事こそが、自分を最大限リードし、活かす道であるはずです。それは、最高に幸せな働き方でもあります。

だから、まずは自分の譲れない想い＝信念を知るということが大切なのです。

「他者との対話」で、自分の信念が見えてくる

さらに言えば、**自分の信念を知ろうとするとき、誰かと話す、対話することは必要不可欠です。**

自分で深く考えるのは大事ですが、それだけだと、途中で面倒になってしまったり、飽きてしまったりして考えがなかなか深まりません。

そもそも思考をはっきり言語化するきっかけがなく、頭の中でぐちゃぐちゃと考えをかき混ぜる感じになってしまいます。考えるというより、モヤモヤと悩み続けて無限ループになってしまう、という経験は誰にでもあるかと思います。

一方、人と話すためには、相手に伝わるように、言語化する必要があります。

また、「それはどういう意味ですか？」「それってこういうことですか？」といった質問をされるので、それを受けてさらに深く、はっきりと考えるようになります。

質問がないときでも、聞き手が目の前にいるというだけで、「あれ、今の言い方で伝わ

ったかな？」「首を捻っているな。言葉が足りなかったかもしれない」などと、相手の反応に誘発されて言い換えたり、言い添えたりといった広がりが出てきます。

人と話せば、自分の譲れない想いがより深くわかる。

これが自分の信念を探るときの基本です。

自らの過去を振り返るライフラインチャート

自らの信念を見つけるために、自分の過去を振り返る。

過去を、自分で振り返り、人と対話しながら深めていく。

私はＹａｈｏｏ！アカデミアでも、この方法で受講生たちに自分の信念を探ってもらっています。

Ｙａｈｏｏ！アカデミアでは、通常４人１組のグループになって、それぞれの人生についての対話を行います。その対話をプログラムの中で何度も繰り返すことで、各々が自分の人生をより深く振り返っていくわけです。

図5-1　ライフラインチャート

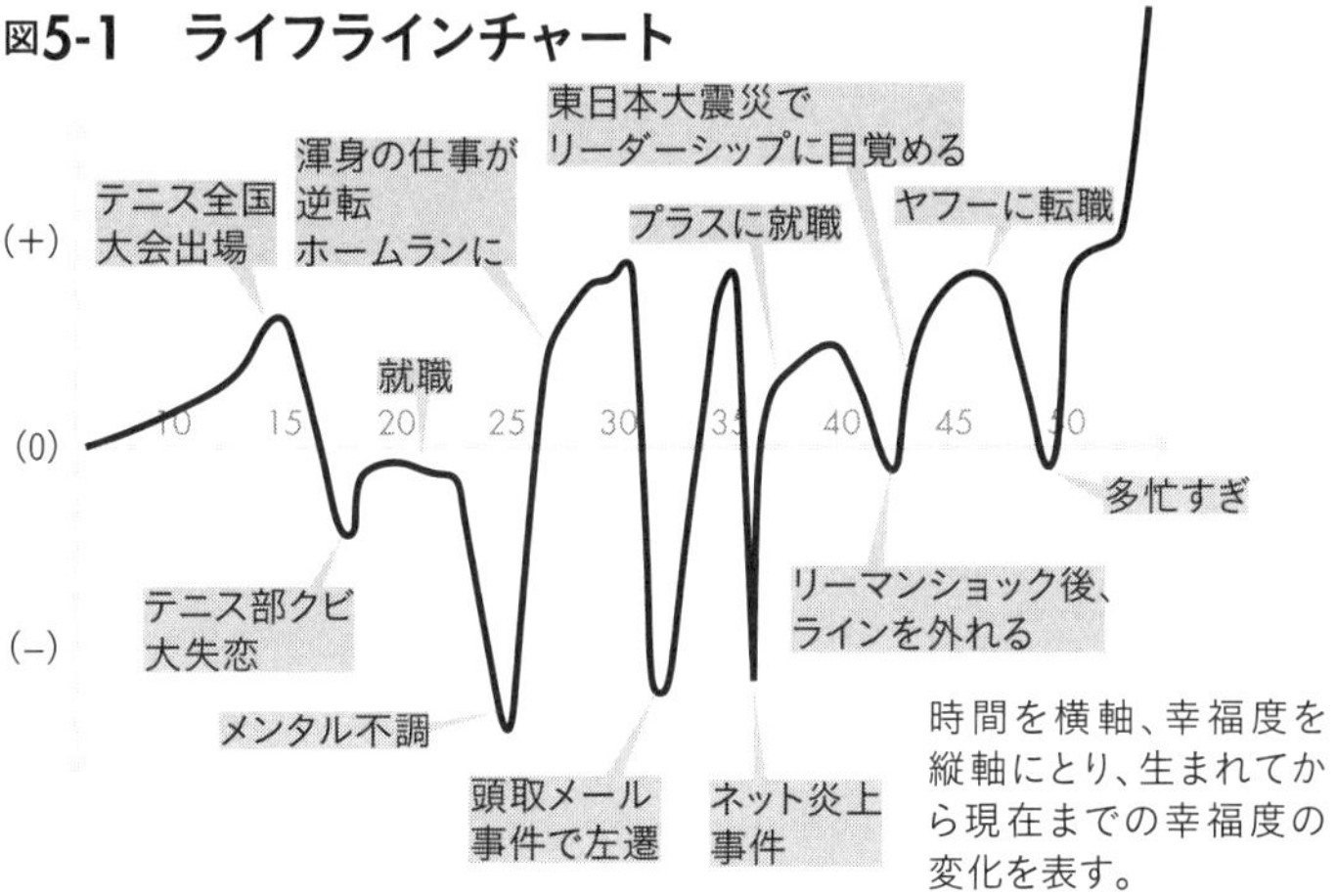

時間を横軸、幸福度を縦軸にとり、生まれてから現在までの幸福度の変化を表す。

その対話を行う際に重要なのが、**「ライフラインチャート」**というツールです。

これは、自分の人生の経験とモチベーションの軌跡を記録するもの。簡単に言えば、これまでの人生でどんなときに調子がよくて、どんなときに調子が悪かったか、調子が上がり下がりしたターニングポイントには何があったのかをグラフ化したものです。

ライフラインチャートというのは、要するに、これまでの自分の人生を振り返って、印象的な出来事とともに人生の流れを連続的に振り返るためのものです。

実例を見ていただくのがわかりやすいでしょう。上にあるのは、私のライフラインチャートです。

本書の中で話してきた、銀行時代のマンション案件や、東日本大震災、転職など色々なポイントで、チャートが上下しているのがわかるかと思います。

このチャートを書くのは決して難しくはありません。

そして、やってみればわかりますが、書いてみるだけでもかなりの発見があるはずです。それは、自分では意識していなかった時期に落ち込んでいたり、逆に元気になっていたり、それに影響を与えた出来事を思い出したり、といったことです。

Ｙａｈｏｏ！アカデミアでは、このライフラインチャートを持ち寄って、それをもとに対話を行っています。

1回のセッションを80分くらいとし、たとえば4人のグループで1人の持ち時間は約20分にします。

最初の数分で、ライフラインチャートをもとに自分の人生を話します。残り時間で、他の3人からの質問を受け、それに答える、ということを繰り返します。

いうなれば、スリー・オン・ワンの質疑応答で自分の人生を振り返っていくわけです。

他者との対話という方法の威力は大きいものです。

ライフラインチャートをつくる、それをもとに自分の過去を語る。ここまでは自分の経験や考え方の癖に基づいて行うことです。

これに対して、他の３人からの質問は、自分の頭の中にない角度から飛んできます。自分ではうまく説明したつもりだったけれど、他人にはうまく伝わらなかったこと。本来、語られてしかるべきなのに、なぜか語られなかったこと。自分だけで考えていては思いもよらなかったことを、質問をきっかけに考えることになります。

一方、他の３人の話を聞き、質問する時間も有効です。

他人の話を聞いていると、自然と自分と比較して考えるので、

「あれ、さっきの自分の話と似てるな」

「そういえば、自分にもこんなことがあった」

などと、他人の話を聞くことが、自分の語りを深めるヒントになるのです。

また、このようなプログラムを行っているのは別にYahoo!アカデミアだけに限りません。

他にも、様々な場所で私は同じようなプログラムをやってきました。

こういう話をすると、「たくさんの参加者の中には、さぞユニークでおもしろい人生を生きてきた人がいるのでしょうね」と聞かれることもあります。

しかし、それは少し違います。

というのは、**各々の参加者が語る人生が、すべてユニークでおもしろい**のです。

そもそも、何十年も生きてきておもしろいことがないわけがない、と私は思います。

もちろん、最初から自分の人生をドラマチックに語れる人もいれば、なかなかうまく言葉が出てこない人もいます。しかし、セッションを繰り返していくうちに、皆どんどん言語化できるようになっていきます。

最終的には、「みんなの人生、全部おもしろいな」ということになっていきます。

このライフラインチャートを用いた対話は、必ず盛り上がります。

そして、「過去の自分」について他者と語り合えば、会話が盛り上がるだけでなく、そこから自分の信念も見えてくる、ということです。

未来の自分についてあれこれと悩むのだったら、まずは過去の自分を振り返って、誰かに話してみればいい、と私は思います。

それこそが、「Lead the self」の最初のステップになります。

1point advice

「Lead the self」の最初のステップは、自身の過去を振り返ること

過去を振り返り、
現在を知り、
未来に想いを馳せよ

Ｙａｈｏｏ！アカデミアの実際のプログラムでは、まずは対話によって各自の「過去」を振り返った後、「現在」と「未来」についても語り合います。

過去の人生がどうだったかを知った上で、それを踏まえて、自分の人生にとってどんなことが大事だと考えているのか、何度も触れてきた、自分の信念、譲れない想いを言語化していくのです。

その結果、「どうやら自分はこんなことを大切にしているんだな」「自分がやりたいことは、これじゃないかな」というのが見えてきます。

ここまでくると、**過去を生きてきた結果として現在があって、現在の積み重ねの先に未来があるという流れが浮かび上がるわけです。**

未来について語る言葉はより前向きに、具体的になっていきます。

また、他の人が語ったことに対する反応も変わってきます。

単なる質疑応答だけでなく、

「それはあなたの過去のこういう経験とつながっているんじゃないかな？」

「だとしたら、これからはこんなことにチャレンジしてみたらいいんじゃない？」

「もっと具体的にプランニングできるんじゃない？」

といった、アドバイスをお互いにしていくことができるようになってきます。

もちろん、こうした対話を1回やっただけで、自分の未来について明確な答えが出るというわけではありません。

たとえば、Ｙａｈｏｏ！アカデミアでは2泊3日の研修合宿で対話を繰り返したりしますが、たったの3日でモヤモヤが完全に晴れるわけではありません。

ただ、**一度でも「過去を振り返り、現在を知り、未来に想いを馳せる」流れを経験すれば、それだけでも変わるものはあります。**

過去の出来事があるから現在の情熱があり、現在の想いが未来をつくっていくという自分の「軸」を体感できる。

こうした考え方を習慣にできれば、日常のモヤモヤに対して自分で答えを出すときにも、過去にさかのぼって現在を知り、現在の想いから未来を考える、というスタイルが身についてきます。

とにかく行動すれば「進むべき未来」が見えてくる

そして、この「過去を振り返り、現在を知り、未来に想いを馳せる」という考え方は、本書で繰り返し述べてきた **「将来に悩む前に、目の前のことを無我夢中でやろう」というメッセージとも噛み合います。**

１つ例を出しましょう。これから自分がどこに向かうべきか迷ってしまい、現在地点から動けない人がいるとします。ここで何も行動しなければ、一生「キャリア迷子」です。

そこで、とにかく何かしらの行動を起こします。これが、目の前のことに一生懸命に取り組むということです。無我夢中で取り組んでいれば、その分だけ前進します。

すると、かつて「将来に悩んでいる自分」がいた地点が、現在から過去の出来事に変わっているので、振り返ることができるようになります。

ここで一旦、それまでの自分――目の前のことに無我夢中で取り組んできた自分について、振り返ります。

先ほども説明したように、過去の自分を振り返ることは、その延長線上にある「現在の自分」、ひいてはその先にある「未来の自分」について考えることにつながります。

現在の自分を知ることとは、「自分の中にある信念＝譲れない想いを知ること」です。

そこで自分の信念に気づくから、「将来もこうありたい」という未来が生まれるのです。

つまり、目の前のことに全力を注ぐことで、行動した現在が過去になり、その過去を振り返ることで、「自分の軸」や「進むべき未来」が生まれるのです。

だから、私はこう思うのです。

「未来に悩んでいる人こそ、とにかく行動せよ」と。

もちろん方向転換することもあるでしょう。時間がかかることもあるでしょう。

それでも、これを何回も繰り返すことで、「自分の軸＝信念」が見えてくるはずです。

これこそが、「Lead the self」の目指していることなのです。

図 5-2　過去・現在・未来の関係

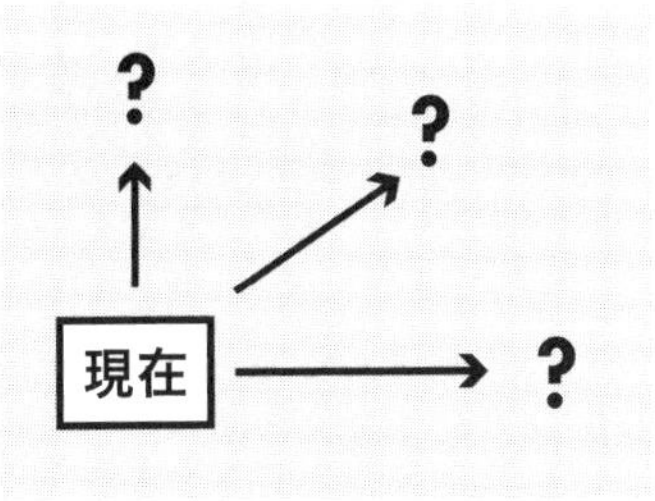

何もしないと、
どこへ向かえばいいか
わからない

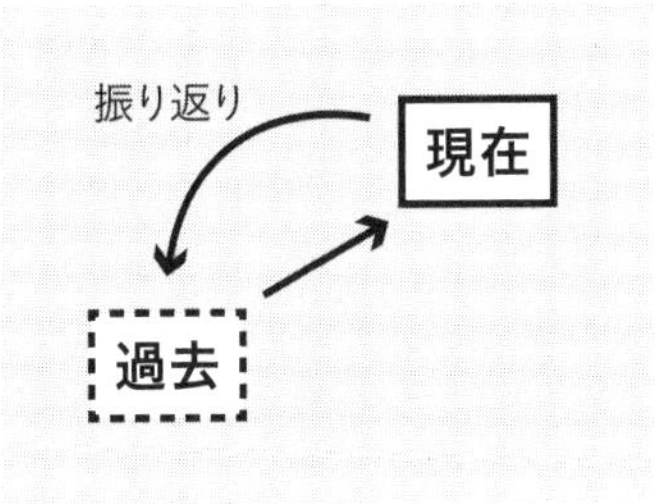

とにかく動いてみれば、
かつての現在が「過去」になり
振り返れるようになる

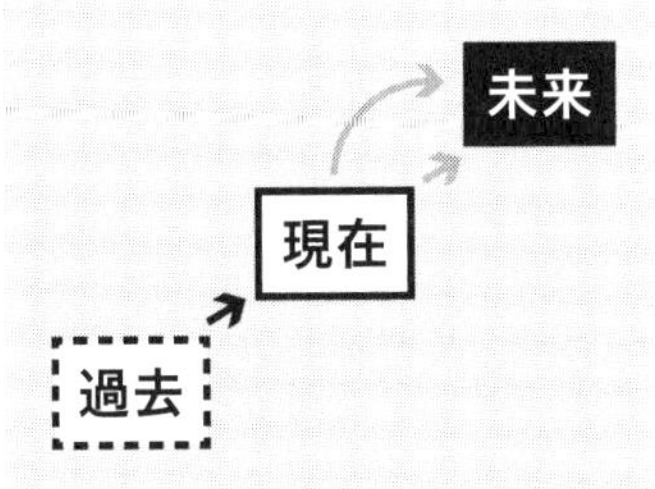

過去を振り返ると、
その延長線上に
「進むべき未来」が
自ずと見えてくる

本当はみんな、聞いてほしいし語りたい

最後に、自分の人生について他人と対話するというと、やったことがない人からすると、ちょっと気が重いかもしれません。

けれども、実際のセッションでは、確実に話が盛り上がります。

最初のうちこそ、自分の人生を他人に語るなんて……という抵抗を感じていた人も、どんどん雄弁になっていきます。

他の人が自分の人生について語る姿を目にしているうちに、「自分ももっと語りたい」と思うようになる。

前の項で「語りたい言葉があるか」という話をしました。そのベースになるのが、自分の経験です。つまり、このセッションで語ることは、リーダーシップのスタートのようなものです。そして、本当に皆、語る言葉を持っているんです。だって自分の人生ですから。

しかも、ここで聞く人の話がまたおもしろいのです。

ビジネス書を読んだり、セミナーに参加したりして、「偉い人」「すごい人」の話を聞いても、結局は「へえー、すごいな」で終わってしまうこともあるでしょう。

それは結局、すごいけれど、自分とは関係のない話だと思っているからです。

しかし、自分が目の前で実際に聞く話は、そうではありません。

4人で順番に話していくと、他人の話を聞いて、自分ももっと話したくなる。

順番に、何度も話していくうちに、全員の語ることが深まっていく。

何より、自分と関係ない話ではなく、自分が今まさに語った話との比較で、自分との違いは何かを考えることができる。だからおもしろいのです。

1point advice

過去を振り返り、現在を知り、未来に想いを馳せ、自分をリードせよ

自分の幸せと社会の幸せを両立せよ

自分は今のままでいいのか。

自分はこの仕事を続けていていいのか。

自分の人生を、これからどう切り開いていったらいいのか。


これまで私が話を聞いてきたビジネスパーソンの中には、多かれ少なかれそんなモヤモヤした思いを抱いている人が多くいました。

そして、同じようなモヤモヤを、読者の皆さんも抱いているかもしれません。私自身も、長い間モヤモヤし続けてきた人間です（いや、今だってモヤモヤしています）。

そんな「モヤモヤ人間」が、どうやって変わっていけばよいのか、この本では私の経験をもとにして語ってきました。


大事なことは、一言で言えば、**「自分で決めた人生を生きる」**ということだと思います。

もちろん、誰もが自分の人生を生きていると言えばそうなのですが、実際には他人が決めた人生を生きてしまっていないでしょうか。あるいは、何も考えずに日々を過ごしてしまっていないでしょうか。

こういう要素は誰にでもあるもので、私自身もそこから逃れられているわけではありません。他人の敷いたレールを走ってしまっていたり、なんとなく日々を過ごしてしまっていたりということは誰にでもあります。

でも、私はあるとき、何かおかしい、と感じました。

「自分の人生を生きていない。言われるがままに生きているな」

と感じたのです。

それほど古い話ではありません。２０１１年の東日本大震災で、自分が有事の中でリーダーとして動いたこと。グロービスで学び、卒業したこと。ソフトバンクアカデミアで孫さんを目の前に何回もプレゼンしたこと。

こうしたきっかけとなる経験を重ねるうちに、「自分の人生って何なんだろう」と改めて考えるようになりました。そして気づいたのは、「これまでは自分の人生を生きていなかったんだな」ということでした。

そこから、少しずつ少しずつ、自分の思う方向へ生き方を変えてきたわけです。

もちろん、他人が決めた人生を生きるのも、人生のことをあまり深く考えないで生きていくのも、ダメな生き方だとは言いません。

それで満足して、幸福に生きられるのなら何も問題はありません。

ただ、そこで何かモヤモヤとしてしまっている人に対しては、**「自分で自分の人生をコントロールして、リードしていけば、そのモヤモヤは少しずつ晴れていくよ」**とアドバイスしたいのです。

今日この瞬間から、ちょっと時間が空いたときに何をするか、誰と会うか、仕事をどうやって進めるか、この仕事をやるのかやらないのか……といったことについて、自分で考えて判断してみましょう。今までだってそうした判断はしていたはずですが、これからは「自分がどういう方向に向かって生きていきたいのか」「自分は何を大事にしているのか」に基づいて、自分をリードするという意識で考えてみるのです。

いちいちそんなことを考えていたら窮屈かもしれません。だから、少しずつでも大丈夫。**少しずつでも自分をリードしていくことで、モヤモヤは晴れていきます。**

それは、言い方を変えれば「自律する」ということであり、「自立する」ということでもあるでしょう。

社会が良くなることは、自分の幸福でもあるはず

「要するに、自分が思うままに生きろということか？」

と理解した人もいるでしょう。

基本的にはそれでいいと思います。自分の思うがままに、好き勝手に生きる。

それでもいい。

ただ、そう言い切ってしまうには、ちょっとひっかかるところがあります。

まず、「自分がよければ、他の人はどうでもいいという人生を送るのか。それでいいのか？」ということです。

もう1つは、「自分の思うがまま、ということが、他の人に迷惑をかける生き方だったら、それでもいいのか？」ということです。

幸福な生き方について考えるとき、自分がやりたいように、自分の満足のために生きることをまず考えるのは当然です。そこを我慢した生き方は、持続可能ではありません。だからまず、自分がハッピーになれる生き方をする。これは大前提です。

一方で、**人間には他者が、あるいは社会全体がハッピーになったら嬉しく感じるという性質もあります。**

私も、事件や事故のニュースを見て、世の中が殺伐としていると感じると、気分が落ち込みます。みんな仲良く笑顔で暮らしている社会であってほしい……と思います。

みんなが自分の人生を楽しく生きられて、自分を表現することがちゃんとできたらいいな、誰もがコミュニケーションをとり合い、伸びやかに自分の言いたいことが言え、お互いを理解し合い喧嘩がなくなるような社会になったらいいな、と心から思います。

そういう社会が実現すれば、自分もハッピーなわけです。

自分のエゴが満たされて、好きなように生きられるのはたしかにハッピーです。でも同時に、社会全体がよりよくなるのもハッピーである、とも思いませんか？

1人で生きている人は誰もおらず、誰もが社会を構成する一員である以上、**「社会が良くなることは自分の幸福でもある」**という感覚は皆持っているはずです。それも大切にしたほうがいい、ということです。

もう1つ、勝手気ままに生きることで、他の人に迷惑をかけてしまってもいいのかということについて。

勝手気ままに生きたいからといって、一般道を150キロ以上で走って事故を起こしたら人に迷惑をかけることになる。それはやっぱり許されることではありません。

自由に生きるのはいいけれど、その結果、周りに迷惑をかけるのではダメ。ルールやマナーをちゃんと守って、人に迷惑はかけないようにしよう、ということです。

私たちは1人では生きられません。おそらく、1人で生きている人間は誰もいません。孤独で、他人と関わってないように見える人でさえ、社会が生み出した文明の恩恵を受けて生きています。

そうである以上、社会が良くなれば自分も幸せであるという感覚を大事にする。そして、周りとの関係においてはルールやマナーを守って迷惑をかけないようにする。

基本は自由に、自分勝手に生きるとしても、その2つだけは忘れないようにすればいいと思います。

「利他と利己を共存」で生きていこう

課題は、**「利己」と「利他」の関係をどう考えるか**、ということです。

利己的であることと、利他的であることは、反対のものだと考えられることが多いと思います。

しかし、本当にそうなのか？　と私は思います。

私は現在、人前で話をしたり、本を書いたりという仕事をしています。

何を考えてそういう仕事をしているかと言えば、もちろん、社会に対してプラスの貢献をしたいから。これは利他的な動機だと言えます。

一方で、当然ながら利己的な側面もあります。

唐突ですが、かつて私は、ミュージシャンになりたいと思っていました。

だから、たとえば雑誌やＷｅｂメディアのインタビューを受けているとき、私はまるで音楽誌の「ロッキング・オン」のインタビューを受けているような気分を味わっています。

ミュージシャンの夢をかなえて、「あのＡ７↓Ｄ７↓Ｅ７のコード進行が……」と語っているような楽しさ、気分の良さがあるのです。

あるいは、今日は講演会があるという日。本番を前にした私は、「今日はこれから、幕張でライブがあるんだよね」という気持ちでいます。

ありがたいことに本が売れていると、「スタジオ盤の２枚目がいい売上だな」という気持ち。「3枚目はどうしよう。さっそくスタジオに入って制作にかかろうか、それともその前に旅に出てイメージを固めようか」なんて考えています。

音楽はメッセージです。私が今、本や講演、勉強会などを通じて伝えていることもメッセージです。ということは、今の私はメロディーや演奏がないバンドをやっているようなもの。

「バンドやって、キャーキャー言われるなんて最高だな」と思っていた少年時代の夢、まったく利己的な夢を、今かなえているようなものです。

たしかに利他的な目的もあるけれど、**利己的な夢だって、仕事をしていく上での大きなエネルギーになります。**

一方で、他人様に迷惑をかけるようなメッセージを発していたらそもそも受け入れられません。せっかくバンドをやっていても、オーディエンスが気持ちよく乗れなくては自分も楽しくありません。逆に、世のため人のために、何らかの貢献をするようなメッセージを出し続けたら、みんなが幸せになります。

いわば、「みんなが気持ちよく僕の歌を聞いてくれて、みんなが幸せって感じてくれたら、僕も幸せだよ」という感覚です。これは利他的とも言えるし、「僕の幸せ」につながっているという意味では利己的でもあるのです。

要は、利己と利他とは、きれいに切り離せるようなものではないということです。自分を犠牲にして利他を図るのもおかしいし、自分勝手で人に迷惑をかけても成功はできないし、幸せにもなれない。それならば、**「利他と利己を共存」**させればいいじゃないか、というのが私の考えなのです。

そんな私から、モヤモヤしている人にできるアドバイスは2つです。

もしも今、組織の中で埋もれて、言われた仕事を一生懸命やっているにもかかわらず満たされない思いを抱いているとしたら、あなたは利己という基本を忘れてしまっているのかもしれません。もっと自分のやりたいことを真剣に考えたほうがいい。

逆に、「好きなことをやれ」という教えを実践して、好きなことをどんどん追求しているのに、どうもうまくいかなくて、空回りしている気がするとしたら、あなたは自分も社会の一員であるということを軽視してしまっているのかもしれません。

利他的であることは、好きなことをやって幸せになることの反対ではない、ということを思い出しましょう。

いずれにしても、利他と利己を共存させることが、幸福な働き方、幸福な人生につながっていくのではないでしょうか。

「Free、Flat、Fun」な場を世の中に増やしたい

2014年4月に企業内大学として開校したYahoo!アカデミアは、ヤフーの執行役員や、グループ企業の経営者を多数輩出して、リーダーの登竜門という位置づけに成長してきました。

最近では、対象を広げ、ヤフーのみならず、ヤフーグループの様々な会社のリーダー予備軍も塾生として招き入れ、幅が広がってきています。

そして、私自身も、Ｙａｈｏｏ！アカデミア学長として内部で仕事をするだけでなく、本を出したり、「全国ツアー」と称して各地に出かけていって話したり、といった活動を行っています。

こうした仕事を通じて、自分は、**一生懸命生きる色々な人が、少しずつでもいいから成長していくサポートをしたい**のです。

そして、その人たちがつくり出す世界は、**「Ｆｒｅｅ、Ｆｌａｔ、Ｆｕｎ」な場であってほしい**、と思っています。

自由に学び、偉い人もそうでない人も対等で、楽しい、そんな世界を広げていきたい。安全・安心が確保されていて、みんなが「Ｆｒｅｅ、Ｆｌａｔ、Ｆｕｎ」に自立して動き、それぞれの持ち場で成長し、成果を出していってほしい。

これが、自分のつくろうとしている世界であり、自分が語りたい未来なのではないかと考えながら、今も動き続けています。

では、あなたがつくりたい世界はどんな世界でしょうか。

あなたはどんな未来を語りたいでしょうか。

今は答えが見えなくても、そのヒントはきっと近くにあるはずです。

なぜなら、**あなたが過ごしてきた過去、そこでしてきた経験からしか、今、大切にしたい信念、譲れない想いは生まれない**のですから。

しっかりと自分の過去・現在と向き合って、未来を語ってください。

そうすれば、人は必ず変われる。

大丈夫。私も変われましたから。

1point advice

あなたもきっと「変わる」ことができる

第５章 まとめ

自分の信念に気づくと、働き方も激変する

→ どんな人とも対等に話せて、仕事の迷いがなくなる。

キャリアとは「Lead the self」

→ 過去を振り返り、他者と対話し、自らの信念を導け！

自分の幸せと社会の幸せの両方を考える

→ 自分の人生を生きるためには、「利他的利己」の視点が必要。

おわりに

最後までお読みいただき、ありがとうございました。

本書では、キャリアからリーダーシップの話まで、様々なことを述べてきました。

この本のタイトルは、『やりたいことなんて、なくていい。』です。

改めてどういう意味か。もう、おわかりですよね。

「**志、やりたいことは、徐々に育てていけばいい。**最初から持っていなくたって、別にいいよね」ということです。

最初から頭でっかちに色々考えるのではなく、ひとまず、目の前にあることを無我夢中でやってみよう。

実行し、振り返り、気づきを得たら、また実行する。

このサイクルを繰り返していくことで、必ず成長することができます。

そして、ある程度進んだなと思ったところで、自分が辿ってきた道を振り返ってみてください。

きっと、自分が前に進んでいることを、実感できると思います。

さらに、過去から現在まで進んできた道の「延長線」を、今度は未来に向かって伸ばしていってください。

そうすると、未来への道筋が、きっとそれまでより明確に、実感を伴って見えてくるはずです。


これが、あなたの軸になるのです。


あとは、これを繰り返していくだけです。

時には、その方向が大きく変わるかもしれません。それでも、繰り返していく。

過去から現在までの道のりが、長くなればなるほど、未来へと続く道がはっきりと見えるようになります。

それを続けているうちに、やりたいことは、自然と見えてきます。

これが、あなたの歩いていく未来です。そして、それこそが「Lead the self」ということなのです。

だから最初は、**「やりたいことなんて、なくていい」**のです。

こうやって動いているうちに、やりたいことは、後から見えてくるからです。

この本は、私の自叙伝的な要素もあり、正直、恥ずかしいところもあります。

ただ私は、常に自身の経験をベースに主張を述べるので、こうなるのはある意味、仕方ないですね。

本書を執筆するにあたっては、多くの方にご協力をいただきました。

本書のもととなった『THE21』の連載をご担当いただいた野牧峻さんには、取材の際、私が何を考えているのか、詳細にヒアリングをしていただきました。結果、自分の経験とそこからの教訓が、どんどん形になっていきました。

担当編集者の宮脇崇広さんには、1冊の本へとまとめる中で、ずっと励ましの言葉やアドバイスをいただき続けました。「これを本にしたとして、読んでいただける読者の方なんているのでしょうか?」という私の問いに対して、熱い想いを語っていただき、なんとか形にするまで走ることができました。

川端隆人さんには、私の言葉を文章にするサポートをしていただきました。私の話を、過大にも過少にも捉えることなく、ありのまま丁寧に言語化していただいたので、私もさらにイメージを膨らませることができ、納得のいく1冊に仕上がりました。

皆様、どうもありがとうございました。

この本が読者の皆さんにとって、何かしらの気づきのきっかけになれば、大変嬉しく思います。

その上で、ぜひ、皆さん自身の経験を、自分なりに積み上げていってください。

私の経験が、その「踏み台」になれたら、この上ない幸せです。

さあ、過去を振り返り、現在を知り、未来に想いを馳せ、一歩一歩踏み出していきましょう！

２０１９年11月

伊藤羊一

装丁――――――――西垂水敦+市川さつき（krran）
図版・本文デザイン――荒井雅美（トモエキコウ）
編集協力―――――川端隆人

本書は『THE21』2018年12月号～2019年3月号連載の「置かれた場所で『突き抜けろ！』」を元に、大幅に加筆・修正の上、1冊にまとめたものです。

〈著者略歴〉

伊藤羊一（いとう・よういち）

ヤフー株式会社 コーポレートエバンジェリスト Yahoo! アカデミア学長。

株式会社ウェイウェイ代表取締役。東京大学経済学部卒。グロービス・オリジナル・MBA プログラム（GDBA）修了。1990 年に日本興業銀行入行、2003 年プラス株式会社に転じ、2011 年より執行役員マーケティング本部長、2012 年より同ヴァイスプレジデントとして事業全般を統括。

かつてソフトバンクアカデミア（孫正義氏の後継者を見出し、育てる学校）に所属。孫正義氏へプレゼンし続け、国内 CEO コースで年間 1 位の成績を修めた経験を持つ。

2015 年 4 月にヤフー株式会社に転じ、次世代リーダー育成を行う。グロービス経営大学院客員教授としてリーダーシップ科目の教壇に立つほか、多くの大手企業やスタートアップ育成プログラムでメンター、アドバイザーを務める。

著書に、『1 分で話せ』『0 秒で動け』（ともに SB クリエイティブ）がある。

やりたいことなんて、なくていい。

将来の不安と焦りがなくなるキャリア講義

2019年12月27日　第1版第1刷発行

著者	伊藤羊一
発行者	後藤淳一
発行所	株式会社PHP研究所
東京本部　〒135-8137	江東区豊洲5-6-52
第二制作部ビジネス課	☎03-3520-9619（編集）
普及部	☎03-3520-9630（販売）
京都本部　〒601-8411	京都市南区西九条北ノ内町11
PHP INTERFACE	https://www.php.co.jp/
組版	有限会社エヴリ・シンク
印刷所 製本所	凸版印刷株式会社

ISBN978-4-569-84565-4